Lernlust statt Paukfrust

Mit deinen Motivatoren leichter lernen in Schule, Studium und Beruf

SCHILLING | VERLAG

Lektorat:
Erdmute Otto, Neu Darchau/Drethem

Korrektorat:
Rita und Siegbert Groß, Bodnegg

Recherchen:
Mihirican Özdem, Landau

Graphiken:
Michael Hain, Berlin

Harald Groß: Lernlust statt Paukfrust
Mit deinen Motivatoren leichter lernen in
Schule, Studium und Beruf

Gert Schilling Verlag, Berlin 2011
ISBN 978-3-930816-25-5
Alle Rechte vorbehalten
www.schilling-verlag.de

Orbium Seminare Berlin
www.orbium.de
www.lernmotivatoren.de

Inhaltsverzeichnis

Inhalt

Inhalt

Herzlich willkommen! — 8

Teil 1: Die 14 Motivatoren — 15

1. Wie die 14 Motivatoren entdeckt wurden — 16
2. Die Motivatoren im Überblick — 18
   * Was jetzt? 14 oder 13 Motivatoren?
   * Warum steht eigentlich »Spaß haben« nicht in der Liste der 14 Motivatoren?
3. Von Beschleunigern und Bremsern — 21
   * Und was mache ich mit meinen »neuen Motivatoren«?
   * Bleiben die Hauptmotivatoren das ganze Leben lang gleich?

4. Die 14 Motivatoren im Einzelnen — 24

   1. Aktiv und beschäftigt sein — 25
   2. Alleine Verantwortung übernehmen — 29
   3. Auf Erfolge zurückblicken — 33
   4. Ein angenehmes Umfeld haben — 37
      * Sind diese Tipps hier nicht vollkommen banal?
   5. Fortschritte sehen — 41
   6. Gemeinsam arbeiten — 45
      * Kann es sein, dass bei mir sowohl »Gemeinsam arbeiten« als auch »Alleine Verantwortung übernehmen« (Motivator 2) Hauptmotivatoren sind?

   7. Herausforderungen suchen — 51
   8. In Wettbewerb treten — 55
   9. Lob und Anerkennung bekommen — 59
      * Ist der Wunsch nach Anerkennung nicht doch bei allen Menschen ein (womöglich nur heimlicher) Hauptmotivator?
   10. Sich vorbereiten — 65
   11. Überzeugungen leben — 69
   12. Visionen und Träume haben — 73
   13. Vorbilder haben — 77
   14. Zuschauer haben — 81

5. Finde deine Hauptmotivatoren — 84

   Erster Überblick — 84

   Erste Auswahl deiner Motivatoren — 86

   Erste Auswahl deiner Demotivatoren — 87

6. Was tun mit Wackelkandidaten? — 87

   Strategie 1: Zweiter Blick auf die »Praxistipps« — 87

   Strategie 2: Wann leuchten deine Augen? — 88

   Strategie 3: Praxisforschung — 88

   Strategie 4: Anwendung — 89

   * Besteht nicht die Gefahr, es mit den eigenen Hauptmotivatoren zu übertreiben?

Inhalt

Teil 2: Das passende Ziel finden — 93

7. Was liegt gerade an? — 94
8. Mr. Druckers Zielformel — 96
   * Ist der Aufwand mit den SMARTen Zielen nicht ein bisschen groß?

   Spezifische Ziele — 97

   Terminierte Ziele — 99

   Messbare Ziele — 100

   Realistische Ziele — 101

   Attraktive Ziele — 103
   * Warum macht mich das ganze Gerede über das R als Herausforderungsfan so wahnsinnig?
9. Einen Zielvorrat anlegen — 105

Teil 3: Mit deinen Motivatoren leichter zum Ziel kommen — 107

10. Erstes Training: Haralds Fall — 108
    * Sind all diese Übungen wirklich nötig?
    * Die Hauptmotivatoren befragen – wie soll denn das gehen?
11. Zweites Training: Annas Fall — 112
12. Drittes Training: Pauls Fall — 115
    * Ich habe einfach keine motivierenden Einfälle. Was tun?
13. Jetzt du! — 121

Teil 4: Was dich noch interessieren könnte — 123

14. Was tun, wenn mir mein Hauptmotivator in einem Fall nicht helfen kann? — 124
15. Was tun, wenn ich die Lernlust verliere, obwohl ich meine Hauptmotivatoren einsetze? — 124
16. Wie finde ich meine Demotivatoren heraus? — 125
17. Was mache ich, wenn mich ein Demotivator blockiert? — 128
18. Wie bringe ich die 14 Motivatoren ab jetzt konkret in meinen Alltag? — 128

    Bring deine Motivatoren in dein Blickfeld — 129

    Beobachte dich — 129

    Schreib deine Selbst-Bedienungs-Anleitung — 129
19. Deine Selbst-Bedienungs-Anleitung — 130
20. Zum Weiterlesen — 135
21. Vielen Dank — 136
22. Lust auf mehr? — 137

Herzlich willkommen!

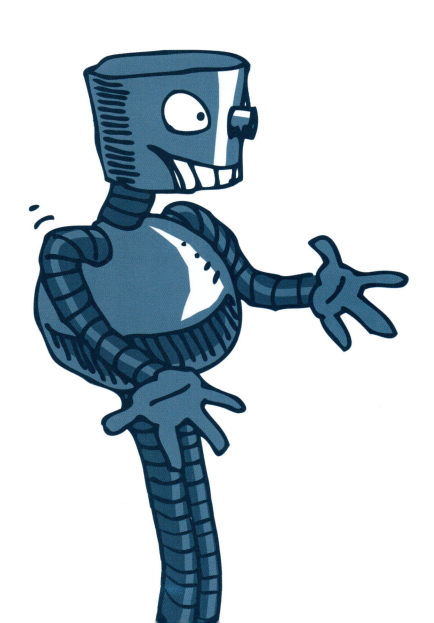

Herzlich willkommen!

Herzlich Willkommen!

Hallo und guten Tag,

herzlich willkommen auf den ersten Seiten dieses Lernmotivationsbuches. Freut mich, dass dich der Titel angesprochen und neugierig gemacht hat.

Ich spreche dich einfach mal ganz unkompliziert mit »Du« an. So fällt es mir leichter zu schreiben. Überhaupt finde ich das »Du« für ein Motivationsbuch für junge und jung gebliebene Lernende passend. Da ich in meinem Beruf ständig etwas Neues lernen muss, sitzen wir quasi im selben Boot.

Ich weiß zwar nicht genau, wer du bist. Aber ich habe da so meine Vermutungen. Schau mal, welche davon zutreffen und kreuze diese an:

- Du gehst zur Schule: Du lernst für Chemie, Geschichte, Religion Französisch oder andere Fächer.
- Du machst eine Ausbildung: Du lernst in der Berufsschule und in der Praxis.
- Du studierst: Jura, Maschinenbau, Germanistik oder ein anderes Fach.
- Du machst eine Fort- oder Weiterbildung: Du »darfst« dafür wieder die Schulbank drücken.
- Du besuchst einen Kurs oder ein Seminar zu einem Thema, das dich privat interessiert, zum Beispiel an der Volkshochschule – oder für den Führerschein.
- Grundsätzlich macht dir Lernen Spaß.
- Manchmal fällt es dir schwer, mit dem Lernen anzufangen. Der innere Schweinehund kann so verflucht hinderlich sein!
- Du hast wenig Schwierigkeiten damit, Dich ins Lernen zu stürzen und dann auch mit Ausdauer dabeizubleiben. Aber kurz vor Schluss möchtest Du oft am liebsten aufhören.
- Wenn es eine Möglichkeit gäbe, wie du deine Lernmotivation verbessern könntest, würdest du sie gerne kennen lernen und ausprobieren.

Und? Wie viele Treffer habe ich mit meinen Vermutungen bei dir gelandet?

Wenn du drei oder mehr Aussagen zugestimmt hast, dann könnte dieses Buch spannend für dich werden. Denn hier findest du tatsächlich Möglichkeiten und Wege, wie du mit mehr Schwung und Motivation zu deinen Lernzielen gelangen und auch mal in schwierigen Situationen länger durchhalten kannst.

Herzlich willkommen!

Konntest du nur zwei oder weniger Haken setzen, dann empfehle ich dir, bis Seite 13 zu lesen, einmal quer durchs Buch zu blättern und zu prüfen, ob es gerade jetzt das Richtige für dich ist.

Worum geht es hier?

In diesem Buch geht es um die Frage, wie wir uns auf leichte Art immer wieder von Neuem zum Lernen motivieren können.

Klar ist: Es ist fantastisch, dass wir in der Schule, in der Ausbildung, im Studium oder in Fortbildungen so viele Lernmöglichkeiten haben. Nicht alle Menschen können heutzutage oder konnten in früheren Zeiten so selbstverständlich lernen wie wir. Grundsätzlich macht Lernen den meisten Menschen ja auch Spaß.

Aber ich will hier natürlich nicht um die Wahrheit herumschreiben: Häufig ist Lernen auch verdammt mühsam, anstrengend und ermüdend. Immer wieder neu ist ein langer Atem gefragt. In Physik, Rechnungswesen oder bei englischen Vokabeln musst du dich nicht nur zum ersten Schritt aufraffen, sondern dich dann oft auch richtig durchbeißen, bis du die Sachen kapiert oder dir eingeprägt hast. Und schon kommt das nächste Thema …

»Wie kann ich mich beim Lernen motivieren? Zum Starten, Durchhalten und Vollenden!« – das ist eine zentrale Frage, vor der wir Lernenden ständig stehen.

Es ist natürlich auch die Hauptfrage in diesem Buch. Ich will dir kurz erzählen, wie ich zu dieser Frage kam, und – noch wichtiger – wie ich Antworten darauf gefunden habe. Bei der Gelegenheit erfährst du auch, mit wem du es hier überhaupt zu tun hast.

Mein Name ist Harald Groß – und mit meinen 1,97 m mache ich meinem Nachnamen alle Ehre. Ich lebe in Berlin – doch würdest du mich jetzt sprechen hören, würdest du schnell merken, dass ich kein geborener Berliner bin. Da ist so ein Singsang in meiner Stimme, und aus dem s wird bei mir manchmal ein sch. Ich bin also ein echter Schwabe und wurde in der schönen Stadt Ravensburg geboren. Bestimmt kennst du die Stadt

Herzlich willkommen!

von den Spiele-Kästen mit der blauen Ecke. Dort wuchs ich auf – als Kind zweier begeisterter Lehrer. Trotz ihrer Freude für das Lernen fiel mir die Schule nicht immer leicht. Ehrlich gesagt war Lernen oft äußerst quälend und deprimierend für mich. Mit der Rechtschreibung fing es schon an. Ich konnte einfach nicht verstehen, warum man Wurscht nur mit s und läsen mit e schreiben musste … Mein Weg zum Abitur war teilweise wirklich sehr mühsam …

Ich hab es dann doch geschafft. Denn mit der Zeit habe ich für mich Methoden entwickelt, mit denen ich die – meist von den Lehrern gesetzten – Lernziele leichter erreichen konnte. Viele Schulkameraden und später Studienfreunde fanden meine Lerntechniken verrückt, haben aber doch gerne mit mir zusammen gelernt. Wenn wir auf meinen Lernwegen unterwegs waren, hat es uns einfach mehr Spaß gemacht!

Und so habe ich inzwischen meine Freude an der Suche nach munteren Lern- und Lehrmethoden zum Beruf gemacht. In Kursen vermittle ich sie an Schüler, Studenten und Azubis. Dabei probieren wir viele Techniken, zum Beispiel zum Lesen, Vokabeln lernen und Einprägen aus.

An ein Seminar mit Abiturienten erinnere ich mich besonders. Kurz vor Schluss sagte ein Teilnehmer: »Na ja, Harald. Das mit den ganzen Lerntechniken ist ja echt gut. Aber was soll ich denn machen, wenn mich das Thema überhaupt nicht interessiert, wenn ich gar keine Lust habe und voll unmotiviert bin?«

Am liebsten wäre ich hinter der Pinnwand verschwunden. Denn eine hilfreiche Antwort fiel mir damals nicht ein. (Ein schwäbisches »Da musst du dich halt zwingen!« war schließlich keine Lösung.) So blieb die Frage erst mal unbeantwortet.

Mich aber ließ sie nicht los. Und ein ganzer Fragenkreis entstand: Können wir, das heißt: Kann jeder eigentlich gezielt positiven Einfluss auf die Lernmotivation nehmen? Wenn ja, wie genau? Ist das anstrengend? Oder gibt es vielleicht sogar ganz einfache Wege, um leichter zum Ziel zu kommen? Kann man solche Motivationswege auch leicht erlernen?

Herzlich willkommen!

Und geht das sogar, wenn ich wirklich keine Lust habe?

Ich sprach mit Kollegen und Freunden darüber und begann mich in das Thema einzulesen: Dabei stieß ich in einem Artikel mit dem Titel »Umsetzungskompetenz stärken« auf diese Sätze:

> »Wer kennt nicht Aufgaben, die man ewig vor sich herschiebt? Reisekostenabrechnungen, Wäscheberge, endlich mehr Sport treiben. Eigentlich sollte, wollte und müsste man. Aber der innere Schweinehund ist groß.«

> »Forschungen zum Thema Motivation begannen nach dem zweiten Weltkrieg im Rahmen der Weltraumprogramme mit dem Ziel, die Astronauten auf die Extrembelastungen während ihrer Zeit im All optimal vorbereiten zu können.«

> »Es gibt Rahmenbedingungen, die das eigene Handeln positiv unterstützen oder negativ beeinflussen. Diese Rahmenbedingungen werden Motivatoren genannt.«

> »In den Forschungen der letzten 50 Jahre haben sich dreizehn Motivatoren herauskristallisiert. Diese dreizehn Faktoren können individuell als Motivator oder Demotivator wirken.«

> »Die Motivatorenanalyse beantwortet die Frage: »Welche Rahmenbedingungen muss ich mir schaffen, damit ich das, was ich mir vorgenommen habe, ohne große Mühe umsetzen kann?«

Aus: KommEnt Nr. 9, 11/03, Dr. Silke Seemann, Leistungslust GbR, Innsbruck

Meine Neugier war geweckt. Gab es da womöglich Wege, mit denen man die eigene Motivation positiv beeinflussen könnte, um Ziele leichter zu erreichen? Und würde das auch beim Lernen nützlich sein? Ich fand weitere Informationen und suchte Menschen, die mehr über die 13 Motivatoren wussten. In Österreich wurde ich fündig. Dort beschäftigt sich an der Universität Innsbruck die Betriebswirtin Dr. Silke Seemann ausführlich mit dieser Materie. Gemeinsam mit meiner Kollegin Betty Boden ließ ich mich von ihr ausbilden. Von Silke Seemann lernten wir viel und machten die ersten praktischen Schritte mit den Motivatoren, die sich wider Erwarten schnell als irgendwie wohlbekannt und vertraut herausstellten. Ich fiel von einem Aha-Erlebnis ins nächste. Und es ging auch ganz einfach – das ist das Schöne daran! Zuerst begann ich, die Motivatorensammlung für mich selbst zu nutzen: Früher war ich ein rechter Sportmuffel. Ich wusste natürlich, dass ich mich mehr bewegen sollte. Wenn ich lief oder schwamm, dann tat mir das auch gut. Aber der Weg dahin! Nachdem ich endlich meine persönlichen Hauptmotivatoren kannte, wurde es viel einfacher – heute gehe ich regelmäßig schwimmen. Ich packe einfach ... (Aber dazu später, sonst verrate ich ja schon zu viel!)

Herzlich willkommen!

Regelmäßig Sport treiben – o. k., da waren mir die Motivatoren eine Hilfe. Aber was ist jetzt mit dem Lernen, um das es hier ja geht? Auch dazu begann ich mit einem Selbstversuch. Ich musste mich mit Steuerrecht beschäftigen. Die Regeln der Einkommens- und Umsatzsteuer haben mich noch nie interessiert – ein ideales Testthema also. Ich nutzte meine Hauptmotivatoren, legte … (was ich genau tat, wirst du dir denken können, wenn du das Buch fertig gelesen hast!) – und lernte erfolgreich Steuerrecht!

Ehrlich: Ich habe dabei keine Drogen genommen. Und die erwähnten Forscher haben auch keinen Doping-Cocktail gemixt. Sie erforschten ganz seriös, unter welchen Rahmenbedingungen jeder von uns leichter zu seinen Zielen gelangen kann. Mit ihren Ergebnissen kannst du deinen individuellen Weg zur Lernmotivation entwickeln. Finde heraus, was dich in Schwung bringt und hält, und nutze deinen eigenen Motivatorenmix für deine Lernziele, sogar auch für diejenigen, die Dich weniger interessieren.

Und nutze sie beliebig auch schon beim Durcharbeiten dieses Buches, sobald es dir mal anfängt, schwerzufallen …

Ich hoffe, ich habe auch deine Neugier geweckt und gebe dir noch kurz einen kleinen Überblick, was dich im Buch erwartet:

In **Teil 1** (Die 14 Motivatoren) lernst du alle 14 Motivatoren kennen. Schritt für Schritt kannst du hier deinen Lieblingsbeschleunigern auf die Spur kommen.

> **Augenblick mal!**
> Was jetzt? 14 oder 13 Motivatoren?
>
> Die Auflösung dieses Durcheinanders findest du auf Seite 18.

Bevor du mit deinen Hauptmotivatoren durchstarten kannst, erfährst du in **Teil 2** (Das passende Ziel finden), worauf du beim Formulieren deiner Lernziele achten solltest, damit du dir an dieser Stelle nicht unnötigerweise selbst ein Bein stellst.

Und dann wird's praktisch: In **Teil 3** (Mit deinen Motivatoren leichter zum Ziel kommen) erfährst du, wie du deine 3 bis 5 Hauptmotivatoren beim Lernen nutzen kannst. Du findest Übungen, um aus den Motivatoren das Beste herauszuholen.

Herzlich willkommen!

Nimm dir Zeit für die Übungen, trag deine Gedanken und Ideen im Buch ein. So gewinnst du mehr und mehr Sicherheit mit den Motivatoren. Von allen wichtigen Vorlagen und Bildern kannst du dir Nachschub im Internet unter www.lernmotivatoren.de herunterladen. Du kannst also ohne Hemmungen ins Buch schreiben.

Bis du den Kniff mit den Motivatoren raus hast, ist hier ein wenig Durchhaltevermögen gefordert. Aber das schaffst du schon. Wofür hast du schließlich deine Motivatoren?

Und wenn du dich durch das Buch gebissen hast, hast du für die Zukunft alles Nötige parat und kannst immer wieder schnell darauf zurückgreifen. Dann wird's also wie versprochen ganz leicht.

Jetzt aber genug der Vorrede. Los geht's! Bist du dabei?

Viel Spaß wünscht

Harald Groß

Augenblick mal!

»Augenblick mal!« - sagen Teilnehmende in den Lernmotivationskursen immer wieder, wenn ihnen zwischendurch eine Frage unter den Nägeln brennt. Sie interessiert zum Beispiel: »Bleiben die Hauptmotivatoren eigentlich das ganze Leben lang gleich?« oder »Besteht nicht die Gefahr, es mit den Motivatoren zu übertreiben?« Vielleicht hast auch du beim Lesen solche oder ähnliche Fragen. An vielen Stellen findest du in den »Augenblick mal!«-Kästen Fragen, die viele Lernende in den Kursen stellen. Und natürlich gibt es dort auch Antworten dazu.
Entscheide jeweils, ob du hier gerade mehr dazu wissen willst oder lieber weiterlesen möchtest.

Teil 1

Die 14 Motivatoren

Wie die 14 Motivatoren entdeckt wurden

1. Wie die 14 Motivatoren entdeckt wurden

Es lohnt sich, einen kurzen Blick auf die Entstehung dieser Motivatorensammlung zu werfen. Ein wenig hast du darüber bereits zu Beginn gelesen. Du weißt schon, dass die Forschungen in den USA nach dem Zweiten Weltkrieg begannen. Im Rahmen der Weltraumprogramme wurde nach Motivationswegen geforscht.

Doch nicht nur in den USA, sondern auch in der damaligen Sowjetunion war man zu dieser Zeit am Thema Motivation interessiert. Der Sport hatte dort einen hohen Stellenwert. So überrascht es nicht, dass eine Gruppe von sowjetischen Forschern herausfinden wollte, wie die Sportlerinnen und Sportler – und ihre Trainer – positiven Einfluss auf ihre Motivation nehmen und sie steigern konnten.

Das Wort »Motivation« kommt vom lateinischen Verb »movere«, das nichts anderes bedeutet als »sich bewegen«. Die Forscher wollten herausfinden, wie es uns leichter gelingen kann, uns auf unsere Ziele hin zu bewegen.

Viele andere Wissenschaftler – meist Psychologen –, die sich mit Motivationsfragen beschäftigen, blicken dabei gerne auf unsere Motive, also auf unsere Beweggründe. Sie fragen: »Warum verhalte ich mich so oder so?«, »Was sind meine Beweggründe?« Das sind spannende Fragen, die schnell in die Tiefe und zu weiteren grundsätzlichen Fragen führen.

Die erwähnten Wissenschaftler in den USA und in der UDSSR gingen jedoch anders vor. Sie fragten: »Wie komme ich leicht zum Ziel?«, »Welche Rahmenbedingungen muss ich mir schaffen, damit ich das, was ich mir vorgenommen habe, ohne große Mühe umsetzen kann?«

Motive	Rahmenbedingungen
Warum bewegen wir uns?	Wie kommen wir *leicht* zum Ziel?

Sie befragten zahlreiche Menschen. Dabei interessierte sie besonders der Moment des Handelns. Also zum Beispiel beim Sport der Augenblick, in dem Wladimir schwamm oder Irina lief. Sie fragten: »Wie waren die Rahmenbedingungen, während du erfolgreich geschwommen oder mit voller Kraft gelaufen bist?« Und: »Welche Rahmenbedingungen waren für dich besonders motivierend?«

Wie die 14 Motivatoren entdeckt wurden

Dabei fanden sie heraus:

Typische Rahmenbedingungen:	Individuell unterschiedliche Wirkungen:
Es waren vielfältige, aber doch auch immer wieder ähnliche Rahmenbedingungen, die von den Sportlern beschrieben wurden. Die Wissenschaftler ordneten die Antworten, bildeten Gruppen und gaben ihnen Namen. So entstanden die 13 Motivatoren.	Deutlich wurde, dass dieselben Motivatoren bei verschiedenen Menschen ganz unterschiedlich wirken. Was Irina antrieb und motivierte, konnte für Wladimir extrem demotivierend sein!

Aus diesen beiden Erkenntnissen formulierten die Wissenschaftler zwei ganz praktische Aufforderungen:

1. Finde heraus, welche Rahmenbedingungen dich motivieren und mach dir deine Hauptmotivatoren bewusst.
2. Schaff dir besonders für Aufgaben, bei denen es dir schwerfällt, dich zu motivieren, mit deinen Hauptmotivatoren die Bedingungen, die du brauchst.

Interessant an der Geschichte: Beide Forschergruppen kamen unabhängig voneinander auf ähnliche Motivatoren. In den 70er Jahren wurden die Ergebnisse ein erstes Mal zusammengeführt. Charles Garfield, Psychologe der NASA, übertrug in den 80er Jahren die Erkenntnisse aus Raumfahrt und Sport in das Management. Er stellte fest, dass auch hier immer wieder die gleichen Motivatoren genannt wurden. Alexander Christiani und Silke Seemann brachten die Ideen schließlich nach Deutschland und Österreich. Und ich habe dann 2003 geprüft, ob wir die Erkenntnisse speziell fürs Lernen nutzen können. Und es klappte – und zwar ganz hervorragend! So viel zum Hintergrund.

Nun kommt die spannende Frage, auf der du bestimmt schon ungeduldig herumsitzt: Welche günstigen Rahmenbedingungen, welche Motivatoren haben die Forscher in Russland und in den USA wohl gefunden?

Die Motivatoren im Überblick

2. Die Motivatoren im Überblick

Hier siehst du alle 14 Motivatoren. Lass beim Überfliegen die Namen und die kurzen Beschreibungen auf dich wirken. Wenn du möchtest, schnapp dir einen Stift und hinterlasse neben den Motivatoren spontane Kommentare. Vielleicht inspirieren dich die folgenden Beschreibungen dazu, auch eigene, neue Motivatoren hinter der Nr. 14 anzufügen. Die Übersicht über alle Motivatoren findest du auch unter www.lernmotivatoren.de Du kannst sie dir bequem als PDF herunterladen.

> **Augenblick mal!**
> Was jetzt? 14 oder 13 Motivatoren?
>
> Die erwähnten Forscher kamen in etwa auf die Motivatoren, die du in den nächsten Kapiteln genauer kennen lernen wirst. Im Laufe der Jahre habe ich, angeregt durch die praktische Arbeit und zahlreiche Seminare, ein paar Veränderungen vorgenommen. So waren in der ursprünglichen Version die beiden Motivatoren »Zuschauer haben« und »Ein angenehmes Umfeld haben« in einem einzigen Motivator mit dem Titel »Äußeres Umfeld« verbunden. Weil das zu Irritationen in den Seminaren führte, habe ich mit meinen Kolleginnen Betty Boden und Iris Lemke daraus zwei Motivatoren gemacht, so dass wir nun mit 14 statt 13 Motivatoren arbeiten.
> Die Sammlung der 14 Motivatoren ist also sicher nicht abschließend. Gut möglich, dass du einen weiteren entdeckst. Wenn er für dich selbst wichtig ist, dann nimm ihn während der Arbeit an diesem Buch unbedingt in deinem Motivatorenmix auf, gib ihm einen schönen Namen und nutze ihn! Ich möchte dich ja dabei unterstützen, Wege zu finden, wie du leicht zu deinen Zielen kommst. Wenn du nun einen Hebel findest, der hier im Buch nicht beschrieben ist – prima!

Die Motivatoren im Überblick

Nr.	Motivator	Leitsatz	Dein erster Kommentar
1	Aktiv und beschäftigt sein	An Tagen, an denen ich voll beschäftigt bin, ist meine Motivation hoch!	
2	Alleine Verantwortung übernehmen	Wenn es voll und ganz auf mich ankommt, bin ich motiviert!	
3	Auf Erfolge zurückblicken	Aus dem, was ich schon geschafft habe, schöpfe ich Motivation!	
4	Ein angenehmes Umfeld haben	An einem schönen Ort und mit guten Materialien komme ich leichter zum Ziel!	
5	Fortschritte sehen	Sobald ich sehe, dass es vorangeht, bin ich motiviert!	
6	Gemeinsam arbeiten	Wenn wir es gemeinsam anpacken, bin ich motiviert!	
7	Herausforderungen suchen	Wenn es besonders schwierig und herausfordernd wird, dann lege ich so richtig los!	
8	In Wettbewerb treten	Es motiviert mich, besser als andere zu sein und meine bisherigen Leistungen zu übertreffen!	
9	Lob und Anerkennung bekommen	Persönliches Lob und Wertschätzung motivieren mich!	
10	Sich vorbereiten	Wenn ich mich gut vorbereite, steigt meine Motivation!	
11	Überzeugungen leben	Wenn ich einen höheren Sinn in einer Sache sehe, bin ich motiviert!	
12	Visionen und Träume haben	Wenn ich von der Zukunft träume, motiviert mich das!	
13	Vorbilder haben	Wenn ich sehe, wie andere etwas gut hinkriegen, motiviert mich das!	
14	Zuschauer haben	Zuschauer und Zuhörer motivieren mich!	
15			
16			

| Teil 1: Die 14 Motivatoren |

Die Motivatoren im Überblick

Und? Was waren deine ersten Reaktionen beim Blick auf die Motivatorenliste?

- Gibt es unter den Motivatoren welche, die dich spontan besonders ansprechen? Kommen dir manche Sätze bekannt vor? Kennst du das auch von dir?

- Oder gibt es vielleicht auch welche, die dich gar nicht ansprechen oder sogar Widerstand in dir auslösen? Notiere auch diese persönlichen Einschätzungen am Rand, falls du es noch nicht getan hast.

> **Augenblick mal!**
> Warum steht eigentlich »Spaß haben« nicht in der Liste der 14 Motivatoren?
>
> Spaß an etwas zu haben, das ist ein schöner Zustand, den wir gerne auskosten und möglichst oft erleben wollen. Spaß ist ein echtes Motivationselixier. Warum gibt es dennoch keinen entsprechenden Motivator? Weil Spaß sozusagen das Ziel jedes Motivators ist: Spaß entsteht, indem wir die Dinge unseren Hauptmotivatoren entsprechend anpacken. O. k., o. k. – wir reden hier nicht so sehr von wahrer Ausgelassenheit, lautem Lachen oder anderem, was »riesigen Spaß« macht. Aber immerhin geht es darum, dass es uns viel leichter fällt, zu lernen, zu schreiben, aufzuräumen oder zu arbeiten.
>
> Wenn es dir also gelingt, deine Hauptmotivatoren möglichst häufig zu nutzen, hast du deinen Hebel zur Spaßproduktion im Griff. Und das gilt glücklicherweise auch für die Aufgaben, auf die du zunächst keine Lust hast. Hier 2 Beispiele: Fans des Motivators »Ein angenehmes Umfeld haben« macht es mit einem besonders schönen Equipment am Schreibtisch plötzlich Spaß, die Hausaufgaben zu machen. Fans des Motivators »Gemeinsam arbeiten« entwickeln Freude an einem zunächst langweilig wirkenden Geschichtsreferat, weil sie diese Aufgabe miteinander bewältigen. Und so weiter …

Von Beschleunigern und Bremsern

3. Von Beschleunigern und Bremsern

Wahrscheinlich hast du schon beim ersten Blick auf die wenigen Informationen ganz unterschiedlich auf die 14 Motivatoren reagiert. Manche sprechen dich stark an, und du denkst: »Ja, das kenne ich gut. Das motiviert mich auch!« Bei anderen Motivatoren hingegen spürst du vielleicht: »Nee, das geht gar nicht. Das wirkt für mich alles andere als motivierend. So komm ich erst recht nicht in die Gänge.« Das sind dann deine Demotivatoren!

Die Forscher – und auch wir Trainer in der Praxis – haben dazu Folgendes beobachtet:

Häufige Verteilung der Motivatoren	
😊	3 bis 5 Hauptmotivatoren
😐	Mittelfeld: die meisten Motivatoren
🙁	1 bis 2 Demotivatoren

Die meisten Menschen empfinden 3 bis 5 Motivatoren als besonders positiv. Das sind ihre persönlichen **Hauptmotivatoren**. Es sind die Beschleuniger, die es uns besonders leicht machen, am Ball zu bleiben.

Einer meiner Hauptmotivatoren ist Nummer 5 »Fortschritte sehen«. Mich motiviert es zu sehen, dass ich vorankomme. Wenn ich ein Fachbuch lese, dann zähle

> **Augenblick mal!**
> Und was mache ich mit meinen »neuen Motivatoren«?
>
> Sollten dir weitere Motivatoren eingefallen sein, die das Zeug haben, Nummer 15 und folgende zu werden, kannst du dir – vielleicht später, wenn du mehr über die einzelnen 14 Motivatoren erfahren hast – Zeit nehmen, sie genauer mit den »Originalen« zu vergleichen. Ist dein neuer Motivator vielleicht ein Spezialfall von einem der beschriebenen? Legt er einen besonderen Schwerpunkt? Oder benennt er etwas ganz Neues? Für dich selbst ist diese Einordnung jedoch ganz unerheblich. Ich kann mich da nur wiederholen: Gib deinem Motivator einen Namen und nutze ihn, egal wie er heißt!

| Teil 1: Die 14 Motivatoren |

Von Beschleunigern und Bremsern

ich die bereits gelesenen Seiten und sage mir immer wieder: »O. k., 15 von 60 Seiten habe ich schon gelesen. Ein Viertel ist geschafft. Noch 3 solche Etappen – und ich bin am Ziel.« Mit Zahlen zu jonglieren, Listen mit den einzelnen Schritten zu machen und immer wieder genussvoll abzuhaken – das macht es mir auch bei unbequemen Aufgaben leichter, zum Ziel zu kommen. »Fortschritte sehen« ist einer meiner starken Hauptmotivatoren. Weil ich ihn kenne, kann ich ihn ganz bewusst einsetzen: Beim Vokabeln lernen, beim Lesen oder auch gerade jetzt beim Schreiben: Natürlich führe ich eine Liste über alle Texte, die ich für dieses Buch noch schreiben muss. Mit einem dicken, roten Stift hake ich ab. Gleich auch wieder – und schöpfe dadurch neue Motivation!

> **Augenblick mal!**
> Bleiben die Hauptmotivatoren das ganze Leben lang gleich?
>
> Nein, nicht unbedingt. Im Laufe deines Lebens kann sich die Wirkung der verschiedenen Motivatoren auf dich wandeln. Der Blick auf deine Motivatorenmischung ist also immer eine Momentaufnahme. Deshalb ist es immer wieder interessant, neu zu schauen, welche deine Hauptmotivatoren sind. Es ist also durchaus spannend, die Checklisten bei den Beschreibungen der Motivatoren nach einigen Jahren neu anzukreuzen, um Wandlungen zu bemerken. Veränderungen der starken Motivatoren erfolgen aber normalerweise nicht kurzfristig. Es handelt sich meist um längere, schleichende Prozesse. Ein (älterer) Seminarteilnehmer erzählt zum Beispiel: »Bis vor 10 oder 15 Jahren war der Motivator »Herausforderungen suchen« mein bevorzugter Weg, um mich in Schwung zu versetzen. Es konnte damals gar nicht aufregend und schwierig genug sein. Im Laufe der Jahre hat sich das mehr und mehr verändert. Heute brauche ich diesen Kick nicht mehr. An die Stelle der Herausforderungen sind für mich Motivatoren wie »Gemeinsam arbeiten« und »Ein angenehmes Umfeld haben« getreten. Bei vielen anderen höre ich, dass sich ihre Hauptmotivatoren wie ein roter Faden durchs Leben ziehen. Oft berichten sie, dass diese Vorgehensweisen auch schon in der Schule, dann in Ausbildung und Studium ganz stark ausgeprägt waren.

Von Beschleunigern und Bremsern

Auch du wirst deinen Hauptmotivatoren mithilfe des Buches und in den nächsten Wochen durch ein wenig Beobachtung und Übung auf die Spur kommen und sie für deine Lernaufgaben nutzen können.

Aber natürlich wirst du nicht nur auf Hauptmotivatoren stoßen. Manche von den 14 Motivatoren wirst du für dich wahrscheinlich als **Demotivatoren** identifizieren. 1 bis 2 sind es in der Regel. Diese Rahmenbedingungen machen es dir schwer, zum Ziel zu gelangen.

Du kannst sie dir beispielsweise wie Bremsklötze oder wie Lasten auf den Schultern vorstellen, die erschweren oder sogar verhindern, dass du in Schwung kommst. Auch ihnen kannst du in den nächsten Lesestunden auf die Schliche kommen.

Motivator Nummer 8 »In Wettbewerb treten« ist einer meiner Demotivatoren. Wettbewerbe können bei vielen Menschen hochmotivierend wirken. Bei mir jedoch lösen sie eher Unwille, Unlust und manchmal sogar Lähmung aus. Ich lerne nicht gerne um die Wette, ich vergleiche nicht gerne Klausurergebnisse. In der Zeit vor einer Prüfung halte ich mich also besser fern von Gesprächen, in denen sich Lernkollegen darin zu übertreffen versuchen, was sie gelernt oder nicht gelernt haben.

Es ist gut, wenn du deine persönlichen »Bremser« kennst. So kannst du künftig selbstbewusst und zielgerichtet darauf achten, sie möglichst auszuschalten oder zumindest zu minimieren. Du musst sie weder hinterfragen noch »aufarbeiten«. Du vermeidest sie einfach. Denn so ein Demotivator kann wie eine angezogene Handbremse im Auto wirken. Damit kann man auch schlecht durchstarten!

Zwischen krassen Demotivatoren und beschwingenden Hauptmotivatoren wirst du auf eine ganze Anzahl von Motivatoren stoßen, bei denen du beim Lesen merkst: »Ja, das kenn ich. Kommt vor. Haut mich im Ernstfall, also bei Lernfrust, aber nicht vom Hocker.« Diese Motivatoren liegen im sogenannten indifferenten Mittelfeld. Sie wirken für dich weder als Haupt- noch als Demotivatoren.

Jetzt weißt du in etwa, was dich erwartet und kannst dich auf die gezielte Suche nach deinem individuellen Motivatorenmix machen. Auf den folgenden Seiten stelle ich dir die 14 Motivatoren ausführlich vor, mit Beispielen, Checklisten und Praxistipps. So, dass sie möglichst lebendig für dich werden. Zu jedem Motivator findest du eine kurze

Von Beschleunigern und Bremsern

Checkliste mit 5 Aussagen. Hier kannst du ankreuzen, was auf dich zutrifft. Das kann dir dabei helfen herauszufinden, welches deine Hauptmotivatoren sind.

Und noch etwas ganz Wichtiges: Alle 14 Motivatoren sind gleichwertig. Es gibt keine besseren oder schlechteren. Unangenehm werden können sie allenfalls durch Übertreibung. Mehr dazu findest du auf Seite 89. Das betrifft aber jeden Motivator in gleichem Maße. Es gibt also auch keine ersten und letzten Motivatoren. Deshalb sind sie in alphabetischer Reihenfolge angeordnet. Möglich, dass du gleich unter den ersten 5 mehrere Hauptmotivatoren findest. Vielleicht brauchst du aber auch etwas Geduld, weil deine Hauptmotivatoren im Alphabet erst später kommen. Bleib in jedem Fall dran – du wirst deine Hauptmotivatoren erkennen! Wenn es dich mehr motiviert, kannst du auch bei denjenigen beginnen, die dich auf der Übersicht auf Seite 19 besonders angesprochen haben. Oder du wendest schon mal einen Hauptmotivator an, den du bereits entdeckt hast: Mach's dir schön beim Lesen (Motivator 4), oder male dir vorher aus, wie flott du anschließend lernen wirst (Motivator 12) …

Ich bin sicher: Du wirst deinen Weg durch die Motivatoren finden. Wir treffen uns auf jeden Fall wieder auf Seite 84 zur Nominierung deiner Hauptmotivatoren.

4. Die 14 Motivatoren im Einzelnen

Los geht's mit dem Motivator »Aktiv und beschäftigt sein«.

Viel Spaß beim Erkunden!

Aktiv und beschäftigt sein

»An Tagen, an denen ich voll beschäftigt bin, ist meine Motivation hoch!«

Robbi hat alle Hände voll zu tun. In vielen Töpfen rührt er gerade gleichzeitig. Er hat ein volles Programm, das ihn ganz schön fordert. Wenn doch einmal eine Pause entsteht, nutzt er sie, um eben zwischendurch noch das eine oder andere zu erledigen. **Volles Programm – volle Motivation!**

| Teil 1: Die 14 Motivatoren |

1 Aktiv und beschäftigt sein

1 Aktiv und beschäftigt sein

Dieser Motivator spricht Menschen an, die gerne aktiv, beschäftigt und ausgebucht sind. Ein überbordender Kalender, ein Tagesablauf, der viel Aktivität verlangt, bringen und halten sie in Bewegung. Sie lieben es, mehrere Dinge gleichzeitig anzupacken. Denn sobald sie ohnehin in Schwung sind, fällt es ihnen nicht schwer, noch das ein oder andere gleich mitzumachen. Räumen sie zum Beispiel morgens in ihrem Zimmer oder der Wohnung Socken und alte Zeitschriften zur Seite, lernen sich die ersten Vokabeln gleich irgendwie leichter.

Beispiel

Thomas besucht die 10. Klasse. In einem Wochenendkurs lernt er die 14 Motivatoren kennen. Er hat festgestellt, dass er ein Fan des ersten Motivators ist und erzählt aus seinem Alltag:

»In der Schulzeit sieht mein Tag oft so aus: Ich steh sehr früh auf und geh manchmal vor der ersten Stunde sogar joggen. Wir haben so 5, 6 oder 7 Schulstunden. In der großen und auch in den kleinen Pausen organisier ich meistens irgendwas: Schülermitvertretung, Milchverkauf oder so. Nach dem Essen geb ich

Checkliste

Folgende Aussagen beschreiben den Motivator kurz und knapp.
Schau mal, bei wie vielen Aussagen du dich wiedererkennst.

Wie stark treffen die folgenden Aussagen auf dich zu?	++	+	o	–	– –
Es geht mir besonders gut, wenn ich viel zu tun habe.	o	o	o	o	o
Wenn ich ein volles Programm habe, schaffe ich noch Vieles zwischendurch und nebenbei.	o	o	o	o	o
Es tut mir meistens gut, wenn ich stark ausgelastet bin.	o	o	o	o	o
Auch Termin- und Zeitdruck finde ich in der Regel motivierend.	o	o	o	o	o
Es fällt mir schwer, nichts zu tun zu haben und die Ruhe zu genießen.	o	o	o	o	o

1 Aktiv und beschäftigt sein

noch oft Nachhilfe, um mir ein bisschen Geld zu verdienen. Dann bin ich so in Schwung, dass ich auf dem Weg nach Hause im Bus schon lese oder lerne und die eine oder andere Besorgung mache, das Fahrrad repariere oder so. An solchen Tagen schaff ich es sogar auch, ätzende Formulare wie den Führerscheinantrag auszufüllen und zum Briefkasten zu bringen. Wenn ich zurücklauf, merke ich: Ich bin total alle – aber es war ein super Tag!

In den Ferien oder an langen Wochenenden läuft es aber oft ganz anders. Da hab ich manchmal tage- oder sogar wochenlang Zeit, um ein Referat oder so vorzubereiten. Wenn ich erst relaxt habe nach den vollen Schulwochen, komm ich oft einfach nicht wieder in die Gänge. Manchmal schaff ich es so tagelang nicht mal, einen Brief zur Post zu bringen. Vom Referat ganz zu schweigen. Jetzt, durch diesen Kurs wird mir klar: Ich komm in Ruhezeiten eben schwer zu Potte. Ich brauch das pralle Programm der Schulzeit und auch ordentlich Stress. Das scheint für mich ein Motivator zu sein.«

Praxistipps

für Fans des Motivators »Aktiv und beschäftigt sein«:

Voller Kalender – volles Programm
Fülle an Tagen, an denen du einen besonderen Motivationsschub brauchst, deinen Kalender. Letztlich ist es dabei ganz egal, mit was für Terminen: Sport, Lerngruppe, Feuerwehr oder Besuch bei der Oma … Wichtig ist, dass du in Aktion kommst und den gewonnenen Schwung für deine Lernprojekte nutzt, zu denen du dich motivieren willst.

Halt dich munter!
Die Fans des Motivators »Aktiv und beschäftigt sein« sind gerne aktiv und beschäftigt – wie der Name ja schon sagt. Das bedeutet aber auch: Zeiten, in denen wenig passiert und sie nichts tun können, sind für sie extrem herausfordernd und können sehr demotivierend wirken.

Halte also in langweiligen Schulstunden oder Vorlesungen entgegen: Melde dich, stell Fragen, schreib mit, male auf, was dein Lehrer, Ausbilder oder Professor sagt. Leg vielleicht schon mal die To-do-Liste für die nächste Woche an. Oder erledige eine Hausaufgabe aus einem anderen Fach. Erzeuge immer wieder das Maß an Aktivität, das du brauchst, um motiviert dabeibleiben zu können.

| Teil 1: Die 14 Motivatoren |

1 Aktiv und beschäftigt sein

Nebenbei und zwischendurch!
Sammle im Laufe des Tages oder der Woche Tätigkeiten, die du in Warte- oder Zwischenzeiten flott einschieben oder miterledigen kannst: In der Schlange im Supermarkt oder an der Bushaltestelle kannst du schon mal 10 oder 15 Vokabeln wiederholen, beim Staubsaugen das Gedicht aufsagen, das du gerade lernen musst. Und während der 15 Kochminuten der Spaghetti, auf die du dich freust: eine Physikaufgabe lösen. Nutze solche Zeiten gerade dann, wenn du ohnehin in Schwung bist. Bevor du dir den nächsten Motivator anschaust, könntest du mal eben eine Lernaufgabe anpacken, die du schon länger vor dir herschiebst. Na los, worauf wartest du noch?

> **Augenblick mal!**
> Bergen die Motivatoren nicht auch Gefahren?
>
> Was, wenn Fans dieses Motivators immer noch und noch mehr Programm machen und am Ende gar nicht mehr zur Ruhe kommen? Wichtige Frage. Wenn du schon jetzt mehr dazu wissen willst, spring mal eben auf Seite 89.

Mein erster Eindruck zum Motivator »Aktiv und beschäftigt sein«
Markiere spontan, wie stark dich der Motivator anspricht: Notiere deine ersten Gedanken:

Alleine Verantwortung übernehmen

»Wenn es voll und ganz auf mich ankommt, bin ich motiviert!«

Ganz alleine ist Robbi in seiner Kapsel unterwegs. Er fühlt sich gut und ist motiviert! Warum? Ungestört kann er in seinem Rhythmus arbeiten. So, wie es für ihn am besten ist. Für seinen Arbeitsbereich da oben in der Kapsel ist er alleine verantwortlich. Hier trifft er die Entscheidungen. Er weiß, dass er alleine es ist, der die Mission am Ende erfolgreich zum Ziel bringen wird. **Hohe Verantwortung – hohe Motivation!**

| Teil 1: Die 14 Motivatoren |

2 Alleine Verantwortung übernehmen

2 Alleine Verantwortung übernehmen

Dieser Motivator spricht Menschen an, die für Aufgaben gerne die alleinige Verantwortung übernehmen. Wenn sie wissen, dass es bei einer Sache voll und ganz auf sie ankommt, steigt ihre Motivation. Jetzt können sie die Aufgabe nämlich ganz in ihrem eigenen Stil angehen – zu ihrer Zeit, in ihrem Tempo, in ihrer Arbeitsweise. Während sie eine Aufgabe erledigen, redet ihnen keiner rein – das ist gut so. Und so macht die Arbeit Spaß!

Beispiel

Tanja studiert Elektrotechnik. Im Lernmotivationskurs erzählt sie über ihren Hauptmotivator:

»Alleine Verantwortung übernehmen: Bei mir ist das genau so. Ich mach meine Sachen schon immer am liebsten alleine. In der Schule, im Job und auch zu Hause. Wenn ich weiß, wofür ich verantwortlich bin, dann zieh ich das auch richtig gut durch. Die ganzen Gruppenarbeiten, die wir hier in den ersten 3 Semestern machen mussten, waren für mich echt

Checkliste

Folgende Aussagen beschreiben den Motivator kurz und knapp.
Schau mal, bei wie vielen Aussagen du dich wiedererkennst.

Wie stark treffen die folgenden Aussagen auf dich zu?	++	+	o	–	– –
Ich übernehme gerne die alleinige Verantwortung für Aufgaben oder Teilaufgaben.	o	o	o	o	o
Wenn ich weiß, dass es voll auf meinen Einsatz ankommt, bin ich motiviert.	o	o	o	o	o
Es motiviert mich, wenn ich ganz und gar in meinem eigenen Rhythmus und meinem Stil arbeiten kann.	o	o	o	o	o
Ich mag es, ungestört arbeiten zu können.	o	o	o	o	o
Es motiviert mich, schon zu Beginn einer Arbeit zu wissen, dass es am Ende mein Erfolg sein wird.	o	o	o	o	o

2 Alleine Verantwortung übernehmen

grausam. Ewig Absprachen treffen, auf die anderen Leute warten. Alleine hätte ich viel besser da durchkommen können. Ich bin deshalb noch lange kein Menschenfeind. Ich arbeite nur einfach viel besser, wenn ich Sachen alleine in die Hand nehmen kann. Wenn ich zwischen einer Gruppen- und einer Einzelaufgabe wählen kann, dann nehm ich immer die Einzelarbeit. Dabei bin ich wirklich viel motivierter.«

Praxistipps

für Fans des Motivators »Alleine Verantwortung übernehmen«:

Meine eigene Aufgabe!
In der Schule, Ausbildung, im Studium oder bei der Fortbildung – ganz egal, was für eine Sache ansteht: Halte immer wieder nach Aufgaben Ausschau, für die du die alleinige Verantwortung übernehmen kannst: Wird jemand gesucht, der etwas recherchiert, etwas ausarbeitet oder vorträgt, dann melde dich und sag: »Ich übernehme das!« Denn bei diesen Aufgaben bekommst du von deinem Motivator kräftig Rückenwind. Schau, dass du Referate, Hausarbeiten und Hausaufgaben bekommst, die du in Eigenregie angehen kannst. Und wenn du in Gruppen arbeiten musst, dann erzähl von deinem Motivator und bitte gleich zu Beginn der Zusammenarbeit um eine klare Aufgabenverteilung. Bei einem gemeinsamen Referat könnte das zum Beispiel so aussehen: »O. k., dann bin ich für Teil 3 – die Entstehung der Gletscher in den Alpen – verantwortlich.« Wenn alle nicken, darfst du loslegen. Dein Revier ist abgesteckt.

Mein spezieller Platz!
Wie sieht der Ort aus, an dem du am leichtesten lernen und arbeiten kannst? Viele Fans des Motivators »Alleine Verantwortung übernehmen« bevorzugen Plätze, an denen sie sich ganz von der Außenwelt zurückziehen können. Finde den für dich passenden Arbeits- und Lernplatz!

| Teil 1: Die 14 Motivatoren |

2 Alleine Verantwortung übernehmen

Mein eigener Rhythmus!

Schaff dir immer wieder Lernzeiten, die du ganz nach deinem eigenen Rhythmus gestalten kannst. Mach dir dann genüsslich bewusst: »Ich bin der Chef/die Chefin meiner eigenen Lern-AG. Ich bestimme über Plan und Tempo.« Viele Fans des Motivators »Alleine Verantwortung übernehmen« berichten, dass sie am besten arbeiten, wenn sie für längere Zeit ungestört schalten und walten können. Bei manchen ist das besonders nachts oder am Wochenende der Fall. Aber du brauchst natürlich für diesen Motivator keine Nachteule zu werden. Sorge für deine ganz eigenen Lern- und Arbeitszeiten – auch tagsüber.

> **Augenblick mal!**
> »Stimmt alles, aber bei mir ist das nur die halbe Wahrheit. Ich arbeite auch gerne mit anderen zusammen!«
>
> Du bist nicht die/der Einzige mit dieser besonderen Kombination. Lies daher den »Augenblick mal!-Kasten« am Ende von Motivator 6!

Mein erster Eindruck zum Motivator »Alleine Verantwortung übernehmen«
Markiere spontan, wie stark dich der Motivator anspricht: / Notiere deine ersten Gedanken:

Auf Erfolge zurückblicken

»Aus dem, was ich schon geschafft habe, schöpfe ich Motivation!«

Robbi steht vor einer großen, neuen Aufgabe. Um dafür Kraft zu schöpfen, hält er inne und blickt zurück. Stolz schaut er auf seine Urkunden, Bilder und Pokale. Er versenkt sich in das gute Gefühl davon, was er im Laufe seines Lebens schon alles erreicht und hingekriegt hat: der erste große gefangene Fisch, ein Auftritt als Schauspieler, das Diplom und noch viele andere schöne, erfolgreiche Momente. Da wird ihm mal wieder klar: »Wenn ich das alles geschafft habe, dann wird mir der bevorstehende Job sicher auch gut gelingen.« **Rückblick auf Erfolge – Motivation für neue Taten!**

3 Auf Erfolge zurückblicken

3 Auf Erfolge zurückblicken

Dieser Motivator spricht Menschen an, die Kraft schöpfen, wenn sie sich intensiv vor Augen führen, was sie bereits erreicht haben. Dafür schlagen sie ganz unterschiedliche Wege ein: Manche Fans dieses Motivators schauen sich ausgiebig Fotos von früher an, andere blättern in ihren Tagebüchern oder E-Mails. Für viele entsteht Kraft für das Neue ganz von selbst, wenn sie sich mit Freunden und Kollegen über frühere Aufgaben und Herausforderungen unterhalten. Und wieder andere werfen zufriedene Blicke auf ihre Zeugnisse, Urkunden, Zertifikate, Pokale und andere Trophäen. Alle Wege führen zu der inneren Gewissheit: »Mir ist schon so viel gelungen, ich werde auch die neue Aufgabe gut bewältigen!« Und daraus entsteht kraftvolle Motivation für die nächste Herausforderung.

Beispiel

Tina erzählt in einem Lernmotivationskurs: »Wenn es mir schlecht geht, wenn ich viele Zweifel habe an mir, dann mach ich das auch wie Robbi auf dem Bild. Ich schau mir an, was ich schon alles gemacht hab und sag mir einfach: »Hey, Tina, jetzt hast du schon so viel erreicht: Realschulabschluss, Führerscheinprüfung, das große Referat in der 11. Du

Checkliste

Folgende Aussagen beschreiben den Motivator kurz und knapp.
Schau mal, bei wie vielen Aussagen du dich wiedererkennst.

Wie stark treffen die folgenden Aussagen auf dich zu?	++	+	o	–	– –
Wenn ich auf all das zurückblicke, was ich schon erreicht habe, gewinne ich Kraft, Stolz und Selbstvertrauen.	o	o	o	o	o
Ich sage mir: »Wenn ich X oder Y schon geschafft habe, dann packe ich auch Z!«	o	o	o	o	o
Meine Erfolge zu dokumentieren (z.B. mit Fotos oder in Tagebüchern) hilft mir für spätere Herausforderungen.	o	o	o	o	o
Ich schöpfe Motivation, wenn ich an meine früheren Erfolge denke.	o	o	o	o	o
Es tut mir gut, mit anderen über das zu sprechen, was mir schon gelungen ist.	o	o	o	o	o

3 Auf Erfolge zurückblicken

wirst das Abi schon packen. Dann atme ich tief durch und mach weiter. Ich trau mir zu, dass ich es schaffen kann. Ich hab ja schon so viel hingekriegt!«

Praxistipps

für Fans des Motivators »Auf Erfolge zurückblicken«:

Halt inne!
Gönn dir immer wieder Zeit für einen kleinen Rückblick. Schau auf den vergangenen Tag, die letzte Woche, das letzte Semester oder Schuljahr oder noch weiter zurück. Atme tief durch und betrachte zufrieden, was du schon alles erreicht, geschafft hast, was dir gut gelungen ist. Frische deine Erinnerungen von Zeit zu Zeit auf – in ihnen stecken für dich motivierende Kräfte.

Dokumentiere deine Erfolge!
Halte deine Erfolge unbedingt fest. Entweder in einem Erfolgstagebuch, in dem du beliebig oft nachschauen kannst, was du in der Vergangenheit geschafft hast. Vielleicht gestaltest du auch einen Platz, an dem du Symbole und Erinnerungsstücke früherer Erfolge sammelst: Zeugnisse, Fotos, Pokale, Dankpostkarten, Urkunden … Schau dir deinen bereits zurückgelegten Weg immer wieder an – das gibt dir Stärke!

Plaudere über alte Zeiten!
Tausch dich mit Freunden, Kommilitonen und Schulkameraden über eure erfolgreichen Erlebnisse aus. Schwelgt gemeinsam in Erinnerungen: »Damals die Führerscheinprüfung. Weißt du noch, wie aufgeregt wir waren bei Fahrlehrer Honne. Und dann haben wir es doch alle geschafft!«

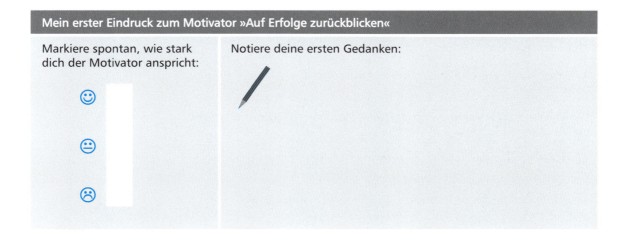

Ein angenehmes Umfeld haben

»An einem schönen Ort mit guten Materialien komme ich leichter zum Ziel!«

Zufrieden sitzt Robbi an seinem Schreibtisch. Mit Blume, Bildern von Familie und Freunden und mit Postern an den Wänden hat er sich seinen Platz sehr individuell eingerichtet. Hier macht ihm das Lernen Spaß. Seine vielen bunten Stifte liegen bereit. Satt werden sie gleich übers Papier jagen. Und auch »seine« Kaffeetasse trägt dazu bei, dass er mit Lust und Energie arbeiten kann. **Tolles Umfeld – hohe Motivation!**

4 Ein angenehmes Umfeld haben

4 Ein angenehmes Umfeld haben

Dieser Motivator spricht Menschen an, die besonderen Wert auf ihre Umgebung legen. Den Raum, den Arbeitsplatz, die Ausstattung nehmen sie deutlich wahr. Und wenn sie sich in ihrer Umgebung wohl fühlen, wenn sie ästhetisch aussieht, wenn es schöne Dinge darin gibt, dann fällt es ihnen ungleich leichter, ihre Aufgaben zu erledigen. Was das Umfeld angenehm macht, kann für den Einzelnen sehr unterschiedlich sein: Bei Betty sind es frische Blumen auf dem Schreibtisch, Michael sprintet in seinen schicken, neuen Markenlaufschuhen einfach viel beschwingter durch den Grunewald, und Rupert kann im Kaffeehaus seine besten Texte schreiben. Für alle Umfeldfans gilt: »Wenn ich mich in meiner Umgebung wohl fühle, wenn ich mit schönen Materialien arbeiten kann, dann komme ich besser in Schwung.«

Beispiel

In einem Café belauschte ich einmal ein Gespräch am Nachbartisch. Zwei Frauen tauschten sich über ihre inzwischen erwachsenen Kinder aus. Eine berichtete von ihrer studierenden Tochter – mit ironischem Unterton: »Carola hat jetzt mit ihrer Bachelor-Arbeit begonnen. Aber bevor sie auch nur einen Satz schreiben

Checkliste

Folgende Aussagen beschreiben den Motivator kurz und knapp.
Schau mal, bei wie vielen Aussagen du dich wiedererkennst.

Wie stark treffen die folgenden Aussagen auf dich zu?	++	+	o	–	– –
An einem schönen Arbeitsplatz arbeite ich viel lieber als an einem x-beliebigen.	o	o	o	o	o
Ich mag schöne Stifte, Papiere, Bücher, Computer; überhaupt mag ich alle schönen Materialien sehr.	o	o	o	o	o
In einem guten und ästhetischen Umfeld mit schönem Material steigt meine Motivation ganz von selbst.	o	o	o	o	o
Mir bedeuten schöne Accessoires viel.	o	o	o	o	o
Eine angenehme Umgebung hilft mir sehr, motiviert Arbeiten umzusetzen und sie dann auch leichter durchzuhalten.	o	o	o	o	o

4 Ein angenehmes Umfeld haben

konnte, brauchte sie natürlich unbedingt einen neuen Computer. Nicht irgendeinen. Es musste jaaa ein MacBook sein. Ein normaler tut es wohl nicht, damit können die jungen Leute heute scheinbar nicht studieren.«

»Können schon«, dachte ich schmunzelnd. »Aber wenn der Motivator »Ein angenehmes Umfeld haben« für Carola wichtig ist, dann wird es ihr mit dem MacBook einfach viel mehr Spaß machen, die Bachelor-Arbeit zu schreiben! Und besser wird die Arbeit wahrscheinlich auch.«

Praxistipps

für Fans des Motivators »Ein angenehmes Umfeld haben«:

Gönn dir schönes Material!
Ganz klar: Unbedingt nötig sind besonders edle Stifte oder das Paar Markenlaufschuhe nicht, damit du zum Ziel kommst. Aber damit fällt es dir einfach leichter! Gönn dir also schöne Lernmaterialien: Hefte, Stifte, Bücher, Vokabelkarten usw. Denn mit dem glänzenden Stift, mit dem du satt übers Papier gleiten kannst, schreibt es sich nun einmal lustvoller …

Dein idealer Platz!
Nimm dir mal Zeit, dir dein ideales Lernumfeld zu erträumen und vorzustellen. »Wie ganz genau sieht mein Traumlernplatz aus?«, »Wie fühlt es sich an, dort zu arbeiten?« Träume von deiner idealen Umgebung, von den Arbeitsmitteln, mit denen du gut lernen kannst. So findest du detailliert heraus, welche äußeren Rahmenbedingungen dir auf deinem Weg zum Ziel guttun. Und du kannst dafür sorgen, dass deine Träume nach und nach Wirklichkeit werden.

Kleine Schritte oder ein großer Ruck?
Überprüfe deine Umgebung, wenn dir die Arbeit an einer Aufgabe gerade besonders schwerfällt. Sorge unbedingt dafür, dass du dich an deinem Arbeitsplatz wieder wohl fühlst. Vielleicht ist dafür ein »großer Ruck« nötig: ein frischer, heller Anstrich in deinem Zimmer, einmal die Möbel umstellen oder ein besserer Schreibtischstuhl. Vielleicht aber geht es auch mit ganz einfachen, kleinen Schritten: Ein Strauß bunte Tulpen, schöne Hintergrundmusik oder eine neue Schreibtischunterlage – und los geht's mit der schwierigen Chemieaufgabe.

| Teil 1: Die 14 Motivatoren |

4 Ein angenehmes Umfeld haben

Mein erster Eindruck zum Motivator »Ein angenehmes Umfeld haben«

Markiere spontan, wie stark dich der Motivator anspricht:

☺

😐

☹

Notiere deine ersten Gedanken:

Augenblick mal!
Sind diese Tipps hier nicht vollkommen banal?

Einen schönen Stift kaufen, über alte Zeiten plaudern, für ein sattes Tagesprogramm sorgen – das sind lauter ganz banale Tipps. Ich verrate dir am besten jetzt schon: Auch bei den weiteren 10 Motivatoren werden die Tipps nicht anspruchsvoller.
Manchmal, wenn ich zu Lernmotivationskursen fahre und in selbstkritischer Laune bin, denke ich skeptisch: »He Harald, was du da morgen vorstellst, das ist so vollkommen banal! Das ist wirklich nichts Besonderes! Kann ich mich ernsthaft da hinstellen und erzählen, dass die Leute ihre Vokabelbücher schön einbinden sollen, wenn es dadurch leichter wird, zum Ziel zu kommen?« Dass alles so einfach ist, nagt dann an mir. Solange, bis ich mit der neuen Gruppe arbeite und wir nach 2, 3 Stunden merken: »Ja, es ist ganz einfach. Mit schönen Vokabelkarten oder einem satten Tagesprogramm geht es für Fans der jeweiligen Motivatoren einfach einfacher! Wir müssen nicht hart an uns arbeiten – ganz kleine Maßnahmen, oft winzige Veränderungen der Rahmenbedingungen können es so viel leichter machen, zum Ziel zu gelangen.
Dass es so einfach gehen kann, das ist das Schöne an der Sache mit den Motivatoren. Lass dich also darauf ein und schau, welche einfachen Kniffe für dich die ersehnte Leichtigkeit bringen – auch bei schwierigen Aufgaben!

Fortschritte sehen

»Sobald ich sehe, dass es vorangeht, bin ich motiviert!«

»Erledigt!«, sagt sich Robbi lächelnd und hakt hochzufrieden einen weiteren Tag auf dem Weg zu seinem Ziel ab. Tief atmet er durch. Haken für Haken kommt er Tag für Tag dem Herbeigesehnten näher. Es tut ihm gut, immer wieder auf den Kalender zu sehen und den zunehmenden Fortschritt zu verfolgen. **Sichtbare Fortschritte – hohe Motivation!**

5 Fortschritte sehen

5 Fortschritte sehen

Dieser Motivator spricht Menschen an, die sehen und erleben wollen, dass sie mit ihren Aufgaben gut vorankommen. Wichtig ist dabei, dass der Fortschritt spür- oder messbar ist: 15 von 45 Seiten gelesen, die Hälfte vom hohen Stapel weggeschafft, 600 von 1000 Metern geschwommen … Manche Fortschrittsfans zeichnen sich Pläne mit Meilensteinen, die es Schritt für Schritt zu erreichen gilt; andere führen Listen und haken die erledigten Arbeiten ab.

Es ist sehr motivierend, die geschafften Etappen immer wieder zu sehen, anzufassen, zu zählen: den Turm der gelesenen Bücher, den Stapel mit den gebügelten Hemden … Überhaupt zählen und rechnen Fortschrittsfreunde gerne. Zum Beispiel, wenn der schwere Sprudelkasten nach oben getragen werden muss: »O. k., es sind 4 Stockwerke, das macht 8 Absätze. Schon hab ich zwei. Ein Viertel ist geschafft. Jetzt schon 4 Absätze … Und so weiter!

Checkliste

Folgende Aussagen beschreiben den Motivator kurz und knapp.
Schau mal, bei wie vielen Aussagen du dich wiedererkennst.

Wie stark treffen die folgenden Aussagen auf dich zu?	++	+	o	–	– –
Ich freue mich über jeden einzelnen Fortschritt.	o	o	o	o	o
Wenn ich sehe oder spüre, wie ich Schritt für Schritt vorankomme, steigt meine Motivation sofort.	o	o	o	o	o
Ich zähle und berechne meine Fortschritte gerne: 4 von 8 Hemden gebügelt, 21 von 40 Bahnen geschwommen.	o	o	o	o	o
Ich teile mir Aufgaben gerne in Portionen und Etappen ein, die ich nach und nach abarbeiten kann.	o	o	o	o	o
Ich hake gerne Erledigtes ab – Listen, Kalender usw.	o	o	o	o	o

5 Fortschritte sehen

Beispiel

Marco macht eine Ausbildung zum Industriekaufmann. Im Lernmotivationskurs erzählt er über seinen Hauptmotivator »Fortschritte sehen«:

»Original so geh ich vor. Ich hab für alles Listen. Schon morgens schreib auf, was ich alles machen will. Dann hake ich ab, streiche durch, zerknülle die Zettel, die ich abgearbeitet habe. Früher hab ich sie sogar manchmal verbrannt! Beim Lernen fürs Abi hing an der Wand über meinem Schreibtisch ein großer Packpapierbogen. Darauf hab ich während der heißen Lernphase für die schriftlichen Prüfungen alle Schritte aufgeschrieben. Oft waren es nur ganz kleine Sachen, zum Beispiel Lektürehilfe zu Goethes Faust bestellen. Was ich erledigt hatte, hab ich durchgestrichen. Am Ende waren es 272 erledigte Schritte. Ich konnte täglich sehen, dass ich ordentlich vorankam. Das war total motivierend.«

Praxistipps

für Fans des Motivators »Fortschritte sehen«:

Mach Etappen!
Teile deine Aufgaben immer wieder in Schritte, Etappen, Portionen ein. Die einzelnen Teile können ganz klein sein. Wichtig ist, dass du möglichst häufig erleben kannst, wieder einen Teilschritt erreicht zu haben. Denn: Jedes erreichte Unterziel ist für dich ein neuer, kleiner Motivationsschub.

Mach den Stand der Dinge für dich sichtbar! Mach dir deine Fortschritte immer wieder deutlich. Es gibt viele Möglichkeiten. Hier ein paar gebräuchliche:

- Listen führen: Was erreicht ist, wird abgehakt, weggestrichen, geschwärzt oder geweißt.
- Maßband: Jede erreichte Etappe wird abgeschnitten.
- »Erledigt«-Stempel: Stempel dich in die Motivation hinein!

5 Fortschritte sehen

- Stapel bilden: Du türmst gelesene Bücher, gelernte Vokabelkarten oder beschriebene Textseiten für die Hausarbeit auf und freust dich am wachsenden Stapel.
- Punkte kleben: Immer, wenn du eine halbe Stunde in einem für dich besonders schwierigen Fach gelernt hast, gibt's einen Klebepunkt auf deinen Lernplan.
- Berechne immer wieder neu den »Geschafft-Quotienten«: Wie viele Prozent dieses Buches hast du jetzt schon durchgearbeitet? (Wenn du vorn begonnen hast, sind es jetzt genau 32,1 Prozent.)

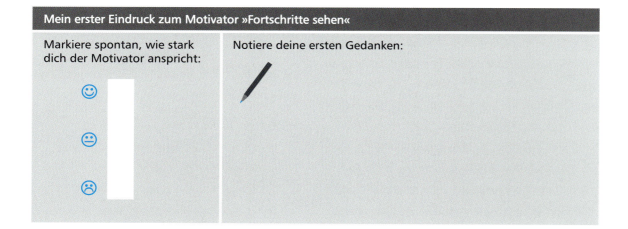

Gemeinsam arbeiten

»Wenn wir es gemeinsam anpacken, bin ich motiviert!«

Es gibt viel zu tun, so kurz vor dem Weihnachtsabend. Doch Robbi und seine Lieben haben schon das meiste geschafft. Gemeinsam haben sie den Speiseplan entworfen, zusammen eingekauft, in der Küche ein Gericht gezaubert. Sie versicherten einander: »Zusammen kriegen wir das gut hin!« Auch die letzte Herausforderung mit der kniffligen Christbaumspitze ist für das Trio kein Problem, weil sie vertrauensvoll zusammenarbeiten. **Gemeinsam anpacken – hohe Motivation!**

| Teil 1: Die 14 Motivatoren |

6 Gemeinsam arbeiten

6 Gemeinsam arbeiten

Dieser Motivator spricht Menschen an, deren Motivation steigt, wenn sie mit anderen zusammenarbeiten können. In Teams, Tandems, Arbeitsgemeinschaften, Lerngruppen fällt ihnen die Arbeit ungleich leichter als solo. Ein wichtiger Grund ist, dass sie wissen: »Wir gemeinsam stehen zusammen für unser Ziel ein. Wir schaffen das!« Teilschritte erledigen sie motiviert im Alleingang, solange sie wissen: »Wenn ich eine Frage habe, dann kann ich mich an die anderen wenden. Sie haben tolle Ideen und werden mich gern unterstützen. Und in schwirigen Fällen schauen wir gemeinsam, wie es weitergeht.«

Wohlwollen, Wertschätzung, eine harmonische Atmosphäre und die Begeisterung für ein gemeinsames Ziel sind wahre Motivationselixiere für Fans des Motivators »Gemeinsam arbeiten«. Dazu kommen noch der oft inspirierende Austausch untereinander, gemeinsames Lernen sowie die Freude am persönlichen Kontakt und an Kommunikation, die immer so viele Überraschungen bergen kann.

Checkliste

Folgende Aussagen beschreiben den Motivator kurz und knapp.
Schau mal, bei wie vielen Aussagen du dich wiedererkennst.

Wie stark treffen die folgenden Aussagen auf dich zu?	++	+	o	–	– –
Ich packe Aufgaben gerne mit anderen Menschen gemeinsam an.	o	o	o	o	o
Es motiviert mich zu wissen, dass ich mit einer Aufgabe nicht alleine bin.	o	o	o	o	o
Besondere Motivation entsteht, wenn ich mich mit den Mitarbeitern einer Lern- oder Arbeitsgruppe gut verstehe.	o	o	o	o	o
»Wir gemeinsam« schaffen es, da bin ich überzeugt.	o	o	o	o	o
Auch bei unliebsamen Aufgaben gilt für mich: Unterstützung, Ideenreichtum und Spaß, die gemeinsames Arbeiten bringen können, möchte ich nicht missen.	o	o	o	o	o

| Teil 1: Die 14 Motivatoren |

6 Gemeinsam arbeiten

> **Augenblick mal!**
> Falls du beim Aussagen-Check davon irritiert bist, dass für dich auch das Gegenteil, Motivator 2 »Alleine arbeiten« anregend wirkt, entspann dich: Beides ist kombinierbar, wie du im »Augeblick mal!-Kasten« auf der übernächsten Seite weiter nachlesen kannst.

Beispiel

Beate macht eine einjährige Weiterbildung zur OP-Schwester. Das regelmäßige Lernen ist sie nicht mehr gewohnt. Im Lernmotivationskurs erzählt sie:

»Ich erkenne mich bei diesem Motivator ganz stark wieder. Mir geht es mit Aufgaben dann gut, wenn ich mich mit anderen Menschen zusammentun kann. Mit meinem Mann, anderen Müttern aus der Kita oder jetzt mit lieben Menschen aus der Fortbildung. Dann weiß ich, dass ich nicht alleine bin – und es macht einfach viel mehr Spaß! Regelmäßig mitlernen fällt mir bei der Fortbildung ehrlich gesagt schwer. Also treffe ich mich einmal die Woche mit zwei Kolleginnen aus der Fortbildung und wir lernen zusammen, oft bei mir zu Hause. Dann geht es. Ich würde ja nicht auf die Idee kommen, hier zu kneifen, denn ich will die anderen nicht draußen stehen und warten lassen.

Wäre ich ganz alleine mit meinen guten Lernvorsätzen, dann wäre ich ganz sicher schon oft auf dem Sofa vor dem Fernseher gelandet. Die Gruppe ist da ein echter Motivator für mich!«

Praxistipps

für Fans des Motivators »Gemeinsam arbeiten«:

Finde Kompagnons!
Halte bei Aufgaben, zu denen du dich schwer motivieren kannst, Ausschau nach Kompagnons. Sprich Leute mit ähnlichen Anliegen an, ob sie Lust haben, mit dir eine Lerngruppe oder ein Projektteam zum Beispiel für die Arbeit an einem Referat oder einem Lernthema zu bilden. Denn gemeinsam fällt es einfach leichter. Sorge immer wieder dafür, dass du bei schwierigen Aufgaben nicht alleine bist.

6 Gemeinsam arbeiten

Vereinbart Termine!

Achte darauf, dass du mit deinen Lernpartnern oder Lerngruppen am Ende eines Treffens immer gleich den nächsten Termin vereinbarst. So kannst du dich auf das Wiedersehen mit den Leuten freuen – und gleichzeitig auch ein wenig aufs gemeinsame Lernen. Von Fans des Motivators »Gemeinsam arbeiten« weiß man, dass es ihnen wichtig ist, vereinbarte Termine auch einzuhalten. Auch dann, wenn sie gerade nicht so große Lust auf die Geschichte Frankreichs oder ein anderes Lernthema haben …

Sorgt gut für euch!

Nimm dir neben dem gemeinsamen Lernen auch immer wieder Zeit für deine Kompagnons. Tauscht euch aus, unterstützt euch bei Durststrecken und feiert gemeinsam Erfolge.

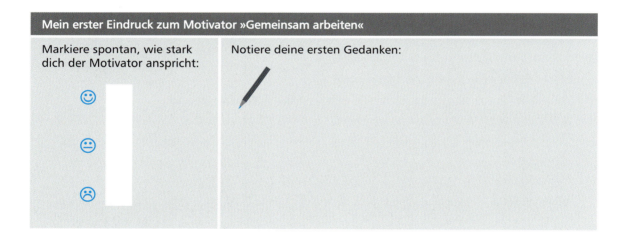

Mein erster Eindruck zum Motivator »Gemeinsam arbeiten«

Markiere spontan, wie stark dich der Motivator anspricht:

Notiere deine ersten Gedanken:

6 Gemeinsam arbeiten

> **Augenblick mal!**
> Kann es sein, dass bei mir sowohl »Gemeinsam arbeiten« als auch »Alleine Verantwortung übernehmen« (Motivator 2) Hauptmotivatoren sind?
>
> Diese Kombination ist durchaus möglich, auch wenn das auf den ersten Blick überrascht. Und obwohl die beiden Motivatoren ja sehr gegensätzlich sind. Fans von »Gemeinsam arbeiten« packen Aufgaben gerne mit anderen Menschen an. Für sie ist es motivierend zu wissen, dass sie mit einer Sache nicht alleine sind.
>
> Ganz anders bei Fans von »Alleine Verantwortung übernehmen«: Sie sind besonders dann motiviert, wenn sie wissen, dass es voll auf ihren Einsatz ankommt. Sie übernehmen gerne die alleinige Verantwortung für Aufgaben – oder Teilaufgaben.
>
> Und genau an dieser Stelle liegt bei manchen Menschen die Verbindung beider Hauptmotivatoren. »Wenn ich ein Referat mit netten Kommilitonen gemeinsam erarbeite, dann mag ich das sehr. Ich bin nicht alleine. Ich weiß, dass ich mich mit den Kompagnons absprechen kann, wenn ich Fragen habe. Und wir entwickeln zusammen manchmal auch geniale Ideen. Aber die Arbeit an meinen eigenen Referatsteilen mache ich am liebsten alleine. Dann kann ich ganz in meinem Rhythmus auf meine Weise vorgehen. Solange, bis wir wieder zusammenkommen und unsere Ergebnisse vorstellen und besprechen.« Für Menschen, bei denen diese beiden Motivatoren stark ausgeprägt sind, gibt es also immer wieder ein Wechselspiel zwischen dem gemeinsamen und dem alleinigen Vorgehen. Finde heraus, was genau du gerne allein und was du lieber gemeinsam tust. Indem du dafür bei der Übernahme von Aufgaben tatsächlich auch sorgst, ersparst du allen Beteiligten Frust.

Herausforderungen suchen

»Wenn es schwierig und herausfordernd wird, dann lege ich so richtig los!«

Robbi hat etwas Außergewöhnliches vor. Mit dem Fallschirm will er aus luftiger Höhe in die Tiefe springen. Und das, obwohl er nicht ganz schwindelfrei ist … Eine echte Herausforderung! Mit einer Mischung aus Vorfreude, Aufregung und Bange sieht er dem Ereignis entgegen. Als er seinen Freunden von seinem Vorhaben erzählte, entgegneten die: »Lass es, Robbi. Das ist total gefährlich. Das schaffst du nie!« Er hörte ihnen zu und wusste ganz sicher: »Euch zeig ich's jetzt erst recht!«. Also begann er schnurstracks, seinen ersten Sprung zu organisieren.
Hohes Risiko – hohe Motivation!

| Teil 1: Die 14 Motivatoren |

7 Herausforderungen suchen

7 Herausforderungen suchen

Dieser Motivator spricht Leute an, die gerne die Sicherheit des Vertrauten verlassen und sich mutig Herausforderungen, Risiken und Gefahren stellen. Wenn es richtig herausfordernd wird, wenn Ausgang und Erfolg ungewiss sind, dann steigen ihre Lust und Motivation. Toll, etwas zu tun, was kein anderer um sie herum wagen würde! Den Mutigen gehört die Welt! Es ist spannend, Projekte anzupacken, bei denen man an seine Grenzen kommt. Manche Herausforderungsfans werden zusätzlich dadurch motiviert, dass ihnen andere ihr Vorhaben nicht zutrauen. Unter der Devise »Euch – und mir – werde ich es zeigen!« laufen sie zur Höchstform auf.

Checkliste

Folgende Aussagen beschreiben den Motivator kurz und knapp.
Schau mal, bei wie vielen Aussagen du dich wiedererkennst.

Wie stark treffen die folgenden Aussagen auf dich zu?	++	+	o	–	– –
Risiko, Spannung oder ein wenig Gefahr motivieren mich.	o	o	o	o	o
Aufgaben, die bisher von niemandem bewältigt wurden, reizen mich.	o	o	o	o	o
Wenn andere denken oder sagen: »Das schaffst du nie!«, dann denke ich: »Jetzt erst recht!« – und meine Motivation steigt.	o	o	o	o	o
Aufgaben, die besonders schwierig sind, finde ich besonders interessant.	o	o	o	o	o
Mich motiviert die Aussicht auf außergewöhnliche Erfahrungen, die eine besonders herausfordernde Aufgabe oft mit sich bringt.	o	o	o	o	o

7 Herausforderungen suchen

Beispiel

Bei diesem Motivator muss ich gleich an Anja, eine Kommilitonin, denken. Warum? Anja schuf sich immer neue Herausforderungen. Beim Praktikum zum Beispiel. Die meisten Studenten suchten sich ein Unternehmen in einer deutschen Stadt. Anja ging nach Frankreich, obwohl sie da noch kaum Französisch konnte. Sie ging nicht in ein sauberes Bürohaus, sondern in ein Gefängnis zu den Kapital- und Schwerverbrechern. »Das fetzt«, sagte sie lachend (und hochmotiviert!), wenn wir alle die Köpfe schüttelten. Und sie kam mit reichen Erfahrungen zurück, ohne jedes Bedauern, wenn auch die Zeit dort wirklich hart war. Oder dann bei der Diplomarbeit. Die anderen entschieden sich für einen Professor, bei dem die Chancen gut standen, dass man mit einem mittleren Einsatz durchkam. Ganz anders Anja: Sie ging zu dem Professor, der den Ruf hatte, dass seine Durchfallquote bei Diplomarbeiten die höchste wäre. Jetzt war es überhaupt erst spannend für sie. Ich glaube, alles andere hätte sie gelangweilt. Natürlich fiel sie nicht durch ...

Praxistipps

für Fans des Motivators »Herausforderungen suchen«

Mach dir deine Aufgabe spannend!
Nicht alle Aufgaben sind von Natur aus aufregend. Vor allem bei Routinearbeiten könnte dir das nötige Maß an Herausforderung fehlen und die Ausführung schnell mühsam werden. Sorge darum bei solchen Aufgaben dafür, dass sie spannend werden.

- Versuche zum Beispiel, dein Ziel in kürzerer Zeit zu erreichen. (»Eigentlich braucht man für die 3 Matheaufgaben 2 Stunden. Ich schaff es in einer!«).
- Verschieb die Erledigung entgegen aller Vernunft auf den letzten Drücker. (»Eigentlich kann ich die ganzen Kapitel bis morgen früh nicht mehr schaffen. Aber das werden wir mal sehen!«).
- Mach die Sache für dich ganz bewusst um ein gutes Stück schwieriger. (»Einen Aufsatz über Tugenden auf Deutsch schreiben? Ich mach den Entwurf auf Englisch oder Französisch, dann wird es erst interessant!«)

Sorge mit ein wenig Kreativität immer wieder für den Kick, den du für deine Motivation brauchst.

| Teil 1: Die 14 Motivatoren |

7 Herausforderungen suchen

Such nach Herausforderungen!
Herausforderungen brauchst du wie die Luft zum Atmen. Sorge immer wieder für Nachschub. Frag nach Aufgaben, die neu sind, die vielleicht bisher noch keiner angepackt hat, deren Ausgang ungewiss ist. Such Projekte, die von der Norm abweichen.

Nutz den Einspruch der Realisten!
Manche Menschen haben einen klaren Blick fürs Machbare und Mögliche. Wenn du überzeugten Realisten von deinen neuesten waghalsigen Vorhaben erzählst, wirst du immer wieder solche Reaktionen provozieren: »Das ist nicht machbar. Das schaffst du nie!« Lass dich von diesen Sätzen nachhaltig für deine Vorhaben motivieren!

Mein erster Eindruck zum Motivator »Herausforderungen suchen«

Markiere spontan, wie stark dich der Motivator anspricht:

☺

😐

☹

Notiere deine ersten Gedanken:

In Wettbewerb treten

»Es motiviert mich, besser als andere zu sein und meine bisherigen Leistungen zu übertreffen!«

Ein starker Läufer folgt Robbi dicht auf den Versen. Ein ernst zu nehmender Konkurrent, der ihm da näher rückt. Aus den Augenwinkeln sieht Robbi seinen Verfolger. Sein Ziel: gewinnen! **Wettbewerb um den Sieg – hohe Motivation!**

8 In Wettbewerb treten

8 In Wettbewerb treten

Dieser Motivator spricht Menschen an, die sich und ihre Leistungen gerne mit anderen vergleichen. »Wo stehe ich?« und »Wo stehen die anderen?«, fragen sie immer wieder. Der kraftbringende Wunsch dabei: schneller sein, besser abschneiden, mehr Punkte machen – siegen eben! Die Vorstellung, als Erster, Stärkster, Intelligentester, Geschicktester oder Gewinner das Ziel zu erreichen, bringt und hält sie in Bewegung. Für ein hervorragendes Ergebnis, für einen Sieg können sich Wettbewerbsfans mächtig ins Zeug legen.

Besonders dann, wenn die Gegner stark sind: Erfolgreiche Mitschüler im Kampf um die Noten, eifrige Kommilitonen im Wettlauf um weniger Semester … Diese Wettbewerbe können im Stillen – ohne Wissen der Konkurrenten – oder ganz offen ausgetragen werden: »Na, wir wollen mal sehen, wer morgen am besten abschneidet!«

Checkliste

Folgende Aussagen beschreiben den Motivator kurz und knapp.
Schau mal, bei wie vielen Aussagen du dich wiedererkennst.

Wie stark treffen die folgenden Aussagen auf dich zu?	++	+	o	–	– –
Wenn ich weiß, dass ich Mitbewerber und Konkurrenten habe, motiviert mich das.	o	o	o	o	o
Ich habe die anderen gerne im Blick und schaue immer wieder genau hin: »Wo stehen die, wo stehe ich?«	o	o	o	o	o
Es spornt mich zu Höchstleistungen an, wenn ich meine Leistungen und Ergebnisse mit denen anderer abgleiche.	o	o	o	o	o
Es reizt mich sehr, meine eigenen bisherigen Leistungen zu übertreffen.	o	o	o	o	o
Ich gewinne unheimlich gern!	o	o	o	o	o

8 In Wettbewerb treten

Manche Fans dieses Motivators treten weniger mit anderen, dafür aber mehr mit ihren früheren Leistungen in Wettbewerb. Sie sagen sich zum Beispiel: »Bei der letzten Wörterarbeit wusste ich 11 von 15 Wörtern. Dieses Mal will ich mindestens 13 Richtige!« Das ist ein klares Ziel. Jetzt gilt es zu trainieren. Die Motivation ist enorm!

Beispiel

In einem Lernmotivationskurs war unter den Studenten einmal ein neugieriger Professor dabei. Er wollte wissen, was wir im Kurs eigentlich so genau machen. Beim Motivator »In Wettbewerb treten« erzählte er:

»Wettbewerbe können mich wahnsinnig antreiben. Ich stehe seit meinem Studium mit einem befreundeten Kommilitonen im Wettbewerb. Anfangs ging es um die meisten Punkte, die bessere Diplomarbeitsnote, den besseren Abschluss. Dann auch um die schönste Frau, die ersten Kinder, die bessere Promotionsstelle. »Wer von uns beiden wird zuerst promovieren?«, »Wer mit dem besseren Ergebnis?«, war lange eine Frage. Dann der Kampf um die Professur, den besseren Lehrstuhl. Heute schauen wir tatsächlich noch immer, wer mehr veröffentlicht, bessere Fördermittel an Land zieht. Ich denke natürlich nicht Tag und Nacht daran. Aber über all die Jahre eben immer wieder. Und wenn ich sehe, dass mein Freund in einer Sache auf der Überholspur ist, dann gebe ich wieder Gas. Das ist eine echt starke Motivation!«

Praxistipps

für Fans des Motivators »In Wettbewerb treten«:

Finde passende Konkurrenten!
Halte immer wieder Ausschau nach Menschen, bei denen es dich reizt, dich mit ihnen zu messen. Deine Konkurrenz muss natürlich ernst zu nehmen sein – mit einem von vornherein unterlegenen Mitbewerber macht der Kampf keinen Spaß. Und unschlagbar überlegen sollte er auch nicht sein. Die Wahl muss stimmen – eben so, dass es herausfordernd und spannend wird. Unterscheide ruhig verschiedene Wettbewerbsfelder: Ich will eine höhere Prüfungspunktezahl erreichen als Anne, breitere Schultern aufbauen als Martin oder mehr monatliche Vertragsabschlüsse machen als Tom …

| Teil 1: Die 14 Motivatoren |

8 In Wettbewerb treten

Wetten, dass ...
Mit Menschen, die wie du Wettbewerbe lieben, kannst du bisweilen ganz offen in spielerische Konkurrenz treten. Aus nahezu allem lässt sich ein kleiner Wettbewerb oder eine Wette machen:

- Wer nach einer Stunde die meisten Vokabeln aus Kapitel 8 kann, hat gewonnen. Das gegenseitige Abfragen wird ein reines Wettbewerbsvergnügen!
- Sieger ist, wer vor der Klausur die meisten der tatsächlich gestellten Prüfungsfragen errät. Das ist eine super Übung, denn ihr müsst euch die Fragen überlegen, die wahrscheinlich kommen können ...
- Wer das beste Gulasch hinkriegt, wird Eintopfchampion!

Tretet mit offenem Visier in kleineren und größeren Wettbewerben gegeneinander an. Das macht Spaß und kann enorme Kräfte wecken, wenn ihr echte Fans des Motivators »In Wettbewerb treten« seid.

Führ ein Leistungsprotokoll!
Ganz egal, ob Notenspiegel in der Schule, Zeitentabellen beim Sport, Lernstundenprotokoll vor der Prüfungswoche ... Führe Protokoll über deine Leistungen. So siehst du, wo du stehst und wo du herkommst. Und du kannst dir stramme neue Ziele setzen, die du mit etwas Anstrengung erreichen oder sogar überbieten kannst.

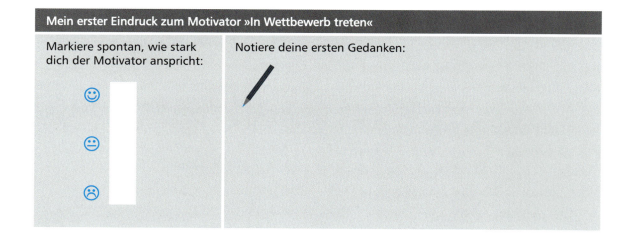

Lob und Anerkennung bekommen

»Persönliches Lob und Wertschätzung motivieren mich!«

»Herzlichen Dank, Robbi. Toll, wie du das geschafft hast. Du hast deine Aufgabe wirklich großartig gemeistert. Es macht mir Freude, mit dir zu arbeiten!« Robbi strahlt. Das tut gut. Die persönlichen Worte, die lobende Anerkennung gehen runter wie Öl. Und sie motivieren ihn schon jetzt für den nächsten Einsatz. **Anerkennende Rückmeldung – große Motivation!**

9 Lob und Anerkennung bekommen

9 Lob und Anerkennung bekommen

Dieser Motivator spricht Menschen an, für die persönliche Rückmeldungen anderer wichtig sind. Ein Lob, ein wertschätzendes Lächeln, ein »Das ist dir wirklich hervorragend gelungen!« haben sehr motivierende Kraft. Oft wirken sie nicht nur für den Moment, sondern auch noch Tage, Wochen oder manchmal sogar Jahre später. Anerkennende Worte eines Lehrers wie »Das hast du wirklich gut gemacht – ich bin stolz auf dich!« können ein Antrieb sein, in Kursen bei diesem Lehrer noch mehr und noch leichter zu lernen, sich noch mehr ins Zeug zu legen.

Auch mehr formelle Ehrungen, Belobigungen, Pokale und Urkunden können die Motivation der Anerkennungsfans

Checkliste

Folgende Aussagen beschreiben den Motivator kurz und knapp.
Schau mal, bei wie vielen Aussagen du dich wiedererkennst.

Wie stark treffen die folgenden Aussagen auf dich zu?	++	+	o	–	– –
Wenn andere mich loben, dann steigt meine Motivation.	o	o	o	o	o
Wenn ich merke, dass Lehrer, Professoren oder Ausbilder mich als Mensch schätzen, dann motiviert mich das.	o	o	o	o	o
Offizielle Auszeichnungen, Pokale und Urkunden motivieren mich.	o	o	o	o	o
Ein schönes Lob kann noch lange wirken. Ich erinnere mich gern immer wieder daran.	o	o	o	o	o
Wenn ich für meine Arbeit anerkannt und wert geschätzt werde, motiviert mich das, noch mehr und noch Besseres zu leisten.	o	o	o	o	o

9 Lob und Anerkennung bekommen

fördern. Wichtig bei allen Arten des Lobes ist, dass es persönlich und ernst gemeint ist. Ein ideales Lob beschränkt sich nicht nur auf die Tat oder Leistung an sich, sondern bezieht sich auch auf den gesamten Menschen.

Lob kann übrigens aus allen Richtungen kommen: von in der Hierarchie Höherstehenden (z. B. Lehrern oder Professoren), von Tieferstehenden (wenn zum Beispiel du der Experte bist) oder von Gleichrangigen (beispielsweise in deiner Sportmannschaft). Die Lobenden können dir sehr nahe stehen, egal sein oder auch eher anonym sein wie zum Beispiel die Wähler eines Kandidaten. Finde heraus, ob es für dich Unterschiede in der Wirkung gibt, je nachdem, woher das Lob kommt!

Beispiel

Martin erzählt in einem Lernmotivationskurs:

»Für mich ist Anerkennung ganz wichtig. Ich freue mich ganz furchtbar, wenn mich andere loben. Mir tut das einfach gut. Manche Sätze wirken noch sehr, sehr lange bei mir. Ich erinnere mich zum Beispiel an meinen ersten Schüleraustausch in London. »You've got a very british accent, Martin«, sagte die Gastmutter schon nach ein paar Tagen. Unglaublich, aber von da an hatte ich noch viel mehr Freude an der Sprache und am Training meines Akzents. Solche Rückmeldungen können mich richtig anstacheln, noch mehr zu geben!«

Praxistipps

für Fans des Motivators »Lob und Anerkennung bekommen«:

Nimm Lob an – und genieße es!
Lob und Anerkennung sind kraftspendende Nahrung für dich. Nimm anerkennende Worte und Gesten deiner Mitmenschen deshalb gerne an, Vielleicht mit einem stolzen »Danke«. Freu dich am Lob. Mach dich nicht klein, tu deine Leistung nicht ab. Zeig, dass du dich über die Anerkennung freust!

| Teil 1: Die 14 Motivatoren |

9 Lob und Anerkennung bekommen

Erzähl von dir und berichte!
Damit deine Mitmenschen dich loben können, müssen sie auch wissen, wofür. Das sollte natürlich kein aufdringliches »Fishing for compliments« werden.

Aber stell dein Licht nicht unter den Scheffel. Lass in Gesprächen einfließen, was du Tolles getan hast oder tust. Erzähl einfach von dir und also auch von deinen Leistungen.

Sag offen und mutig: »Ich brauch das!«
Der Motivator »Lob und Anerkennung bekommen« ist nicht für alle Menschen gleichermaßen wichtig oder angenehm. Manche brauchen das Gelobtwerden von außen kaum – und loben andere daher möglicherweise auch wenig. Hab den Mut und berichte deinem Lehrer, Chef, Freund oder deinen Eltern, dass Lob und Anerkennung für dich wertvoll sind, dass du diese persönlichen Rückmeldungen brauchst, um gut weiterlernen zu können. Das fällt möglicherweise zunächst nicht so leicht. Trau dich – vielleicht kannst du das Buch nutzen und wichtigen Menschen auf diese Art zeigen, dass »Lob und Anerkennung bekommen« ein zentraler Motivator für dich ist. Wenn jemand dich jedoch auch weiterhin nicht mehr lobt als vorher – nimm es nicht persönlich! Das Thema »Loben« berührt bei manchem Menschen sogar einen empfindlichen Bereich, das sollte man unbedingt respektieren – und nicht als persönliche Ablehnung verstehen. Mehr dazu findest du gleich hier im Kasten auf der nächsten Seite.

Mein erster Eindruck zum Motivator »Lob und Anerkennung bekommen«

Markiere spontan, wie stark dich der Motivator anspricht:

☺

😐

☹

Notiere deine ersten Gedanken:

9 Lob und Anerkennung bekommen

> **Augenblick mal!**
> Ist der Wunsch nach Anerkennung nicht doch bei allen Menschen ein (womöglich nur heimlicher) Hauptmotivator?
>
> Sehr wahrscheinlich kannst du bei allen 14 Motivatoren Anteile finden, die du von dir kennst. Ganz klar: Wir Menschen nutzen alle beschriebenen Motivatoren gelegentlich. Wir alle haben beispielsweise Visionen von der Zukunft, wir alle arbeiten manchmal alleinverantwortlich und mal mit anderen gemeinsam. Aber: Hinter welchen Motivatoren stecken für dich Rahmenbedingungen, durch die du besonders leicht zum Ziel kommst? Das ist ja die entscheidende Frage des Buches. Während nun für manche Menschen ein Lob, ein anerkennender Satz oder eine persönliche Urkunde ganz stark motivieren und wirken, ist das vielen anderen einfach nicht so wichtig. Für sie ist beispielsweise ein greifbarer Fortschritt viel wertvoller. Immer wieder begegnen mir auch Menschen, für die Lob und Anerkennung sogar demotivierend wirken können. Sie berichten zum Beispiel: »Ich weiß selbst ganz genau, ob ich gut war oder nicht. Das muss ich mir nicht von anderen sagen lassen. Mich macht solches Lob eher misstrauisch. Da denk ich, da will mich einer manipulieren.«
> Also gilt für »Lob und Anerkennung bekommen« tatsächlich dasselbe wie für alle anderen Motivatoren auch: Die Menschen reagieren ganz unterschiedlich darauf, einfach weil sie so verschieden sind.

Sich vorbereiten

»Wenn ich gut vorbereitet bin, steigt meine Motivation!«

Robbi geht Ski laufen. Gleich geht es los. Bereits vorgestern hat er zu Hause in Ruhe die Ausrüstung zurechtgelegt. Alles war griffbereit. Jetzt hängen Rucksack, Handschuhe und Mütze an der Hütte schon bereit. Die passenden Stöcke hat er herausgesucht. Nun bekommen die Skier noch den letzten Schliff. Die Vorbereitungen laufen nach Plan. Gleich kann es mit der ersten Fahrt losgehen. **Gute Vorbereitung – hohe Motivation!**

| Teil 1: Die 14 Motivatoren |

10 Sich vorbereiten

10 Sich vorbereiten

Dieser Motivator spricht Menschen an, die gerne einen Plan mit allen nötigen Arbeitsschritten machen. Bei großen wie bei kleinen Projekten gilt für sie: »Ein guter Plan, das ist schon die halbe Miete!« Denn dadurch wird rechtzeitig sichtbar, was genau zu tun ist und wie viel Zeit die einzelnen Aufgaben in Anspruch nehmen werden. Auch ein »Plan B« wird gerne aufgestellt. Die ersten Schritte werden genauer ausgearbeitet. Es kann losgehen. Um nicht unter Druck zu geraten, beginnen Vorbereitungsfans am liebsten früh damit. Am besten so, dass auch noch Zeit für unvorhergesehene Ereignisse, (die nicht in Plan B abgedeckt sind) bleibt. Es ist einfach toll, 2 Tage vor der Klausur alles gelernt haben. Gut vorbereitet zu sein gibt Sicherheit und Entspannung. Und Spaß macht es auch!

Checkliste

Folgende Aussagen beschreiben den Motivator kurz und knapp.
Schau mal, bei wie vielen Aussagen du dich wiedererkennst.

Wie stark treffen die folgenden Aussagen auf dich zu?	++	+	o	–	– –
Ich bereite mich gerne und gründlich vor.	o	o	o	o	o
Ich mache mir gerne einen Plan, eine Liste mit allem, was für ein bestimmtes Vorhaben zu tun ist.	o	o	o	o	o
Es tut mir gut zu wissen, dass ich an alles gedacht habe.	o	o	o	o	o
Wenn ich sicher bin, dass alles in trockenen Tüchern ist, bin ich motiviert.	o	o	o	o	o
Zur Sicherheit habe ich möglichst einen Plan B.	o	o	o	o	o

10 Sich vorbereiten

Beispiel

Bianca erzählt in einem Lernmotivationskurs für Studenten:

»Oh ja, ich erkenne mich da total wieder. Abends decke ich oft schon den Frühstückstisch. Meine WG-Mitbewohner finden das immer sehr lustig. Ich schau, was ich fürs Vesper vorbereiten kann. Ich leg die leere Vesperdose hin, die Banane oder den Apfel dazu. Es ist ein gutes Gefühl, wenn alles so bereitliegt. Lernpläne mache ich auch gerne. Das hilft mir. Wahrscheinlich klingt es verrückt, aber im Sommer überleg ich auch oft schon, was ich zu Weihnachten verschenken will. Ich weiß nicht warum, aber ich fühl mich einfach besser, wenn ich gut vorbereitet bin. Ich freu mich dann auch mehr auf die Ereignisse.«

Praxistipps

für Fans des Motivators »Sich vorbereiten«:

Guter Plan – halbe Miete!
Nimm dir – auch bei kleinen Lernaufgaben – Zeit, einen Plan zu machen. Überlege: »Wie will ich vorgehen?«, »Was ist alles zu tun?« »Wie viel Zeit brauchen die einzelnen Aufgaben?« Schreib alles auf. So hast du einen guten Überblick. Das gibt Sicherheit, denn du kannst davon ausgehen, dass du nahezu an alles gedacht hast, was für deinen Weg zum Ziel nötig ist.

10 Sich vorbereiten

Der erste Schritt!

»Auch die längste Reise beginnt mit dem ersten Schritt.« Denk in schwierigen Anfangssituationen an dieses chinesische Sprichwort. Finde heraus, welchen – vielleicht auch ganz kleinen – Schritt du als Erstes gehen kannst. Der zweite fällt dann schon ungleich leichter. Vielleicht machst du es auch wie die Köche in den Fernsehsendungen und legst gleich zu Beginn alle Utensilien, die du benötigen wirst, geordnet bereit. So wird an deinem Lernplatz deutlich sichtbar: Du bist gut vorbereitet und kannst bestens loslegen! Das tut gut! Und wenn schon mal alles so schön parat liegt, dann musst du einfach nur weitermachen …

Sicherheitscheck!

Als Vorbereitungsfan liebst du Sicherheit. Es tut dir gut, mal über deinem Plan innezuhalten. Du fragst dich dann: »Habe ich an alles gedacht?«, »Bin ich in der Zeit?«, »Könnte es noch Herausforderungen geben, die mich ins Schleudern bringen würden?« Wenn du alles gründlich gecheckt hast, atmest du tief durch. Du bist auf einem guten, sicheren Weg. Jetzt kannst du gelassen weitermachen.

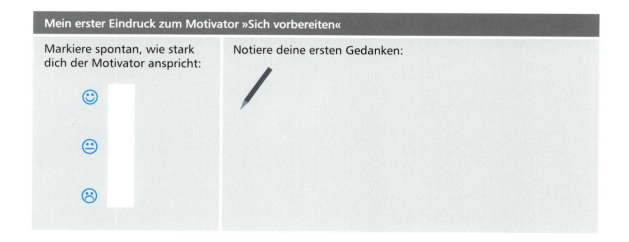

Überzeugungen leben

»Wenn ich einen Sinn in einer Sache sehe, bin ich motiviert!«

Hochmotiviert geht Robbi zur Arbeit. Er weiß: Was er heute tun wird, ist richtig und wichtig. In seiner Arbeit, in seinen Projekten sieht er einen tieferen Sinn. Robbi hat klare Werte und hohe Ideale. Er bringt sie in seinem Institut ein, teilt sie dort mit vielen anderen und tritt für ihre Verwirklichung ein. **Hohe Ideale verwirklichen – wertvolle Motivation!**

11 Überzeugungen leben

11 Überzeugungen leben

Dieser Motivator spricht Menschen an, denen es sehr wichtig ist, dass sie ihre Werte und Ideale im Leben, auch bei der Arbeit, verwirklichen können. Wenn sie sich motiviert für etwas engagieren, tun sie das oft, weil sie von ihrer Sache überzeugt sind, weil sie finden, dass es besonders richtig und wichtig ist, dieses oder jenes zu tun. Wenn sie einen wertvollen Sinn in einem Ziel sehen, sind sie oft zu großem Einsatz bereit. Die Motivation kommt ganz automatisch. Sie stecken dann voller Energie und Kraft für die Sache. Daher sagt man auch: »Die Sache gibt ihm/ihr die Kraft!«

Schwierig wird es für Fans des Motivators »Überzeugungen leben«, wenn sie von etwas nicht überzeugt sind oder wenn sie keinen Sinn sehen. Denn nun fehlt ihnen ein äußerst wichtiger Antrieb. Oft wird ihnen bei dieser Gelegenheit schmerzlich bewusst, wie zentral die Sinnfrage für ihre Motivation ist.

Checkliste

Folgende Aussagen beschreiben den Motivator kurz und knapp.
Schau mal, bei wie vielen Aussagen du dich wiedererkennst.

Wie stark treffen die folgenden Aussagen auf dich zu?	++	+	o	–	– –
Ich habe einige oder sogar viele Überzeugungen, Werte und Ideale, die mir wirklich sehr wichtig sind.	o	o	o	o	o
Wenn ich von einer Sache wirklich überzeugt bin, motiviert mich das sehr.	o	o	o	o	o
Ich kann mir ein Arbeitsleben für mich kaum vorstellen, bei dem ich meine Werte und Ideale außen vor lassen oder sogar verleugnen muss.	o	o	o	o	o
Schwierig wird es, mich zu motivieren, wenn ich von einer Sache nicht überzeugt bin oder ich keinen Sinn erkennen kann.	o	o	o	o	o
Wenn ich meine Ideale und Überzeugungen leben und für sie eintreten kann, entwickle ich ungeahnte Kräfte und Ausdauer.	o	o	o	o	o

11 Überzeugungen leben

Beispiel

Annika studiert Betriebswirtschaftslehre. Im Lernmotivationskurs erzählt sie:

»Überzeugungen leben – das ist mein absoluter Hauptmotivator. Wenn ich von einer Sache richtig überzeugt bin, muss ich mir keine Gedanken um Motivation machen. Dann bin ich getrieben, weil ich voll hinter der Sache stehe. Ich weiß dann, wofür das, was ich mache, gut ist. So kam ich auch zum BWL-Studium: Ich hab nach dem Abi ein Praktikum bei einer Schuldnerberatung gemacht. Ich finde die Angebote der Beratungsstellen im Prinzip fantastisch. Aber wir tun noch viel zu wenig für Leute, die in finanzielle Schwierigkeiten gekommen sind. Ich möchte also gern Schuldnerberaterin werden und mich für verschuldete Leute einsetzen. Wenn es im Studium hier aber dauernd um Profitmaximierung geht, finde ich das natürlich ziemlich ätzend. Ich halte es nur durch, weil ich das betriebswirtschaftliche Know-how später für eine gute Sache einsetzen will.«

Praxistipps

für Fans des Motivators »Überzeugungen leben«:

Werteinventur!
Nimm dir Zeit, über deine Werte nachzudenken: »Was ist mir wirklich wichtig?«, »Was ist für mich wertvoll?«, »Wofür lohnt es sich, zu arbeiten?« Sammle deine Ideale, sprich mit Freunden darüber. Mach dir bewusst, was dir im Leben wichtig ist, wofür du eintrittst, vielleicht sogar kämpfst. Auf diese Weise feuerst du deinen stärksten Motivationsmotor mächtig an!

Überzeugungstäter!
Wenn du bei einer Lernaufgabe in einem Motivationstief durchhängst, forsche nach Gründen, warum es sinnvoll sein könnte, weiterzumachen. Frage nach dem »Wofür« deines Einsatzes. Bohre nach, welche deiner Werte hier bedient werden, ohne dass du es gerade merkst. Die Suche nach solchen Übereinstimmungen kann manchmal schwierig sein. Bleib dran, sei fantasievoll – beim Französisch lernen könntest du zum Beispiel feststellen: »Kommunikation mit anderen Kulturen ist mir wichtig – das ist Friedensarbeit im Alltag! Wer Fremdsprachen spricht, kann auf die fremden Menschen zugehen und Verständnis

11 Überzeugungen leben

schaffen.« So kann dein Lernen einen tieferen Sinn bekommen, hinter dem du voll stehen kannst. Und du kannst neue Motivation schöpfen.

Wähle bewusst!

In deinem Lernleben stehen zahlreiche Entscheidungen an. »Welche Schule will ich besuchen?«, »Welche Leistungskurse wähle ich?«, »Welches Referatsthema übernehme ich?«, »Für welche Ausbildungsberufe bewerbe ich mich – und bei welchen Firmen?«, »Welches Fach will ich studieren?« Bring bei diesen großen und kleinen Entscheidungen deine Werte ins Spiel, nimm sie so wichtig, wie sie dir ja tatsächlich sind. Prüfe, bevor du entscheidest, was deine innere Stimme dazu sagt. »Kann ich damit längere Zeit gut leben?«, »Stimmt der anvisierte Weg mit meinen Überzeugungen und Idealen überein? Oder muss ich mich dafür verbiegen?« Und wenn du merkst, dass eine Entscheidung quälende Folgen für dich hat, die du nicht vorausgesehen hast: Nimm dich wieder ganz wichtig und entscheide möglicherweise neu, bevor du vom Verbiegen krank oder energielos wirst!

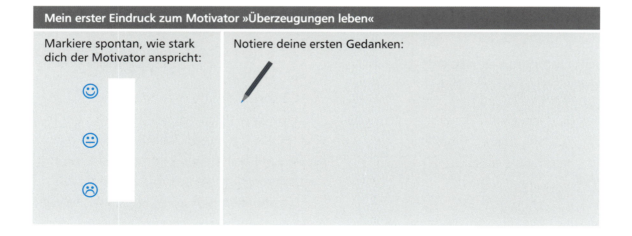

Visionen und Träume haben

»Wenn ich von der Zukunft träume, motiviert mich das!«

Robbi hat Großes vor: Eine neue Stadt will er bauen. Wenn er die Augen schließt, kann er die vollendete Stadt sehen, sich in Gedanken durch die Straßen bewegen, sie wahrnehmen und fühlen. In seiner Vision ist schon alles sichtbar und da. Bis er die Stadt wirklich geschaffen hat, wird noch eine lange Zeit vergehen. Er hat gerade erst begonnen – nur die ersten Steine sind gesetzt. Es liegt eine anstrengende, mühsame Zeit vor ihm. Und doch ist er hochmotiviert: Immer wieder führt er sich seine Vision von der fertigen Stadt vor Augen und weiß: »Da will ich hin!« **Kraftvolle Zukunftsvision – hohe Motivation!**

| Teil 1: Die 14 Motivatoren |

12 Visionen und Träume haben

12 Visionen und Träume haben

Dieser Motivator spricht Menschen an, die gerne von ihrer näheren oder ferneren Zukunft träumen: »Was mache ich im kommenden Sommer?«, »Was mache ich nach den Prüfungen?«, »Wie wird das, wenn ich den Führerschein endlich habe?« Fans dieses Motivators macht es Spaß, sich in ihren Gedanken eine wunderbare Zukunft auszumalen. Oft entstehen dabei lebendige Bilder, Geschichten und Fantasien, umfassende Zukunftsvisionen. An sie zu denken, von ihnen zu träumen und zu erzählen macht nicht nur Spaß; es ist zugleich ein kraftvolles Motivationselixier. Denn immer wieder wird präsent: »Da will ich hin!«, »Davon träume ich!«, »So soll es werden!«, »So will ich leben!« Und: »Dafür lohnt sich mein Einsatz!«, »Dafür strenge ich mich an!« Der Traum von der Zukunft hilft, auch längere Durststrecken auszuhalten und motiviert weiterzumachen.

Beispiel

Vor ein paar Jahren wurde ich zu einem Lernmotivationskurs an ein Internat eingeladen. Die 16-jährigen Jungs waren wenig interessiert, es ging meist recht laut und unruhig zu. Als ich den Motivator »Visionen und Träume haben« vorstellte, meldete sich einer der Schüler:

Checkliste

Folgende Aussagen beschreiben den Motivator kurz und knapp.
Schau mal, bei wie vielen Aussagen du dich wiedererkennst.

Wie stark treffen die folgenden Aussagen auf dich zu?	++	+	o	–	– –
Ich stelle mir gerne meine Zukunft vor und erträume mir meine Zukunft mit all ihren Möglichkeiten.	o	o	o	o	o
Ein Bild, eine Vision von dem, was ich einmal erreichen will, ist für mich wichtig, selbst wenn es momentan unrealistisch zu sein scheint.	o	o	o	o	o
Meine Motivation steigt, wenn ich anderen von meinen Zukunftsvisionen erzählen kann.	o	o	o	o	o
Es hilft mir sehr, mir immer wieder meine Vision vorzustellen. Ich habe sie dann ganz genau vor Augen – mit vielen Details.	o	o	o	o	o
»Brainstorming« und das Spiel mit Ideen, die in der Zukunft umgesetzt werden könnten, machen mir Spaß und spornen mich an.	o	o	o	o	o

12 Visionen und Träume haben

»Ja, genau so ist das bei mir. Ich will Pilot werden. Daran denke ich jeden Tag. Ich träum oft davon. Ich will fliegen. Und deshalb mach ich den ganzen Mist hier an der Schule überhaupt mit.« Seine Kumpel waren still beeindruckt. Denn da war eine spürbar große Kraft, ein Ziel, eine enorme Motivation.

Praxistipps

für Fans des Motivators »Visionen und Träume haben«:

Träum genug!
Gönn dir immer wieder ungestörte Zeit, um von deiner Zukunft zu träumen, auch wenn viele Mitmenschen das nicht ebenso wichtig finden wie du. Ganz egal wo und wie: alleine mit geschlossenen Augen, zu Hause in der Badewanne, auf einer Zugfahrt, im Urlaub oder auch im Gespräch mit anderen Träumern. Nimm deine Fantasien ernst. Sie sind deine wertvollen Kraftquellen!

Such dir Träumpartner!
Finde Menschen, mit denen du gut gemeinsam träumen kannst, die sich mit Freude auf Träumereien einlassen. Das ist manchmal gar nicht so einfach, denn nicht allen fällt das Spiel mit Visionen gleichermaßen leicht.

Mach deine Träume sichtbar!
Hol dir deine kraftvollen Zukunftsträume ins Hier und Jetzt. Schreib sie auf, mal Bilder, mach Skizzen von deinen Zukunftsträumen. So kannst du immer wieder auf deine Visionen blicken und dir Kraft und Motivation holen.

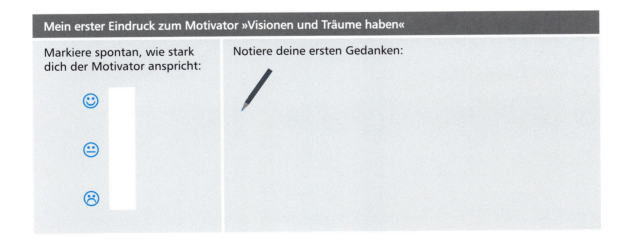

Vorbilder haben

»Wenn ich sehe, wie andere etwas gut hinkriegen, motiviert mich das sehr!«

Interessiert und gebannt hört Robbi zu. Sein Gegenüber hat so viel erlebt, es gibt eine Menge von ihm zu erfahren: Toll, was sein Vorbild alles kann, wie er denkt und handelt. Eine solche Begegnung ist immer inspirierend und sehr motivierend. »Manches möchte ich auch so anpacken!«, denkt Robbi sich und überlegt, wie das in seinem Leben aussehen kann. **Inspirierendes Vorbild – große Motivation!**

13 Vorbilder haben

13 Vorbilder haben

Dieser Motivator spricht Menschen an, die sich gerne von Vorbildern und Mentoren inspirieren lassen. Ganz automatisch halten sie Ausschau nach Menschen, die ihnen imponieren, die etwas besonders gut können oder eine faszinierende Ausstrahlung haben. Wer kommt als Vorbild infrage? Lehrer, Ausbilder, Verwandte, Mitschüler, die mutig ihren Weg gehen, politisch Engagierte, Widerstandskämpfer, spirituelle Vorbilder. Oder Künstler jeder Art – Popstars, Schauspieler, Sportler oder Musiker. Auch der längst verstorbene Goethe kann ein inspirierendes Vorbild sein: »Wie Goethe gereimt hat, das finde ich klasse! Und womit der sich damals alles beschäftigt hat – unglaublich!«

Solche Vorbilder können zu einer sprudelnden Motivationsquelle werden, die viel Energie gibt. Ist ein Vorbild gefun-

Checkliste

Folgende Aussagen beschreiben den Motivator kurz und knapp.
Schau mal, bei wie vielen Aussagen du dich wiedererkennst.

Wie stark treffen die folgenden Aussagen auf dich zu?	++	+	o	–	– –
Ich suche mir gerne Vorbilder.	o	o	o	o	o
Menschen, die etwas besonders gut können, inspirieren mich.	o	o	o	o	o
Wenn ich echten Könnern zuschaue, bekomme ich Lust, es auch auszuprobieren.	o	o	o	o	o
Manchmal denke ich: »Wenn X das kann, kann ich das auch lernen.«	o	o	o	o	o
Ich lerne tatsächlich viel von meinen Vorbildern.	o	o	o	o	o

13 Vorbilder haben

den, können Fans dieses Motivators die Quelle auf mehrere Arten anzapfen: im direkten Gespräch, durch Beobachtung, Zuhören, Recherchen, Lektüre. Und auch in den eigenen Gedanken kann das Vorbild Zuspruch geben: »Wie würde X jetzt reagieren?«, »Was hätte Y jetzt wohl gesagt?« Es macht Spaß, von den Vorbildern zu lernen, ihnen nachzueifern, Gesehenes auszuprobieren, selbst aktiv zu werden. Manchmal kann dabei auch der Gedanke »Wenn Z das kann, dann kann ich das auch lernen«, ein Antrieb sein.

Beispiel

Eine Teilnehmerin erzählt in einem Lernmotivationskurs in Berlin:

»Ja, für mich sind solche Vorbilder oft anspornend. Tom zum Beispiel ist ein Freund von meinem älteren Bruder. Früher hing er oft bei uns zu Hause rum. Dann ging er zum Studium nach Berlin. Wenn er am Wochenende oder in den Ferien mal wieder bei uns in Rostock war, dann hab ich ihm immer voll gern zugehört. Ich wollt das auch so machen wie er. Und jetzt studier ich selbst hier und will das Studium genauso durchziehen wie Tom. Wenn ich daran denke, motiviert mich das schon!«

Praxistipps

für Fans des Motivators »Vorbilder haben«:

Führe eine Idol-Liste!
Welche Menschen inspirieren dich, sind Idole für dich? Nimm dir bei Aufgaben, für die du dich nur schwer motivieren kannst, Zeit und überlege: »Wer könnte in dieser schwierigen Situation ein Vorbild für mich sein?« Notiere, was genau dich an diesen Menschen inspiriert. Ganz

13 Vorbilder haben

gezielt kannst du so deinen Motivator nutzen, um neue Kraft zu schöpfen. So zum Beispiel könnte eine Idol-Liste aussehen:

Vorbild	Was mich inspiriert
Albert Einstein	Er war echt clever und mit seiner Eigenwilligkeit eckte er oftmals mutig an.
Tante Hilde	Sie geht aufrecht ihren eigenen, oft unbequemen Weg, sie lässt sich nicht verbiegen.
…	

Schnappschuss!
Schieß ein Foto von deinem Vorbild. Oder organisier dir eins. Häng es dort auf, wo du es oft siehst oder wo du Inspiration brauchst. Vielleicht am Lernplatz oder an der Zimmertür. So kannst du immer wieder darauf schauen und Energie tanken.

Beschaff dir Infos
Bring möglichst viel über die Menschen, die dich faszinieren, in Erfahrung. Lies ihre Biografien, schau dir Reportagen an, und nutz die Möglichkeiten des Internets. Komm, wenn möglich, in persönlichen Kontakt mit deinen Vorbildern! Sprich sie ruhig an, stell ihnen Fragen.

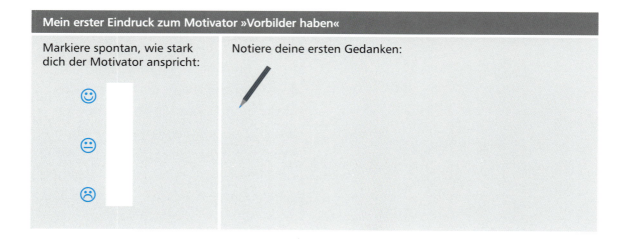

Zuschauer haben

»Zuschauer und Zuhörer motivieren mich!«

Heute ist Robbi bei seinen Sprungübungen besonders motiviert. Denn seine 3 besten Freunde sind eigens gekommen, um ihm beim Training zuzusehen. Robbi sieht die 3 Zuschauer kurz noch einmal aus dem Augenwinkel. Gucken sie wirklich her? Gut. Heute will er besonders gut sein! Jetzt strafft er seine Muskeln noch mehr als sonst, und setzt zum Absprung an. **Interessiertes Publikum – große Motivation!**

| Teil 1: Die 14 Motivatoren |

14 Zuschauer haben

14 Zuschauer haben

Zuschauer und Zuhörer bringen Fans dieses Motivators in besonderen Schwung. Natürlich können sie auch ohne Zaungäste schreiben, denken, arbeiten oder andere (Höchst-)Leistungen vollbringen. Schaut ihnen aber – zum Beispiel beim Lernen – ab und zu jemand über die Schulter, dann geben sie mit Leichtigkeit noch eine Spur mehr Gas. Unter Beobachtung schneiden sie auch die Hecke noch einen Tick akkurater. Und überhaupt bleiben sie länger bei der Sache, wenn sie von Zuschauern beobachtet werden. Als motivierendes Publikum können dabei viele wirken: Mitschüler oder Lehrer, andere Gäste in der Mensa oder im Café oder jeder andere, der ihnen neugierig-bewundernd zuschaut oder wenigstens mal kurz hinguckt. Besondere Kraft geht von Zuschauern aus, deren Meinung ihnen besonders wichtig ist. Das kann eine Lehrerin oder eine Professorin sein, der man gefallen will, oder ein Kommilitone, für den man schwärmt.

Beispiel

Holger erzählt in einem Lernmotivationskurs: »Zu Beginn des Studiums hab ich mir in meinem WG-Zimmer einen guten Arbeitsplatz eingerichtet. Dort könnte ich mich ausbreiten und ungestört lernen. Meistens arbeite ich aber

Checkliste

Folgende Aussagen beschreiben den Motivator kurz und knapp.
Schau mal, bei wie vielen Aussagen du dich wiedererkennst.

Wie stark treffen die folgenden Aussagen auf dich zu?	++	+	o	–	– –
Ich habe gern Publikum.	o	o	o	o	o
Es motiviert mich, wenn mich jemand bei der Arbeit sieht oder wenn mir jemand zuhört.	o	o	o	o	o
Besonders motiviert bin ich, wenn mich Menschen beobachten oder mir zuhören, die mir wichtig sind.	o	o	o	o	o
Die hohen Erwartungen anderer sind für mich ein motivierender Ansporn.	o	o	o	o	o
Auch schon die Vorstellung, dass X, Y oder Z kommen könnten, motiviert mich zu höheren Leistungen.	o	o	o	o	o

14 Zuschauer haben

am Esstisch in unserer WG-Küche. Dort ist es zwar oft eng, krümelig, und auch das Radio läuft meistens. Eigentlich alles nicht so gut für die Konzentration. Aber hier kommt immer wieder einer meiner Mitbewohner reingeschlappt. Wenn ich dann über meinen Büchern sitze, sagen die oft so Sachen wie: »Der Holger ist wieder fleißig!« oder »Na, Bücherfresser!« oder »Hallo, Professor Holger!«. Es ist verrückt, aber nach so einem Satz würd ich nie aufhören zu lernen. Dann mach ich erst recht noch ne halbe Stunde weiter! Und auch wenn sie nichts sagen, nur durch die Küche laufen, denk ich, dass sie denken, dass ich fleißig bin – und mach weiter! So Zuschauer sind für mich echt motivierend.«

Praxistipps

für Fans des Motivators »Zuschauer haben«:

Sorg für Zuschauer!
Stell immer wieder sicher, dass du bei der Ausführung deiner Aufgaben gesehen wirst. Anstatt das Fahrrad im Keller zu reparieren, kannst du auch draußen auf der Straße schrauben. Wer weiß, wer da alles vorbeikommt und dich sieht … Aber auch lernen und schreiben musst du nicht ungesehen alleine zu Hause. Pauk im Café, in der Bibliothek, notfalls auch am Zugang zur Mensa, wo viele Beobachter vorbeikommen.

Schür Erwartungen!
Erzähl Freunden, Kollegen usw. von deinen Vorhaben. Zum Beispiel von deinem Plan, die Master-Arbeit schon am 15. Dezember abzugeben. Nutze die Nachfragen, das Interesse deiner Mitmenschen, um leichter am Ball zu bleiben. Vielleicht kannst du mit den Freunden auch vereinbaren, dass die ruhig mal nachhaken. So wird dein Anliegen noch verbindlicher.

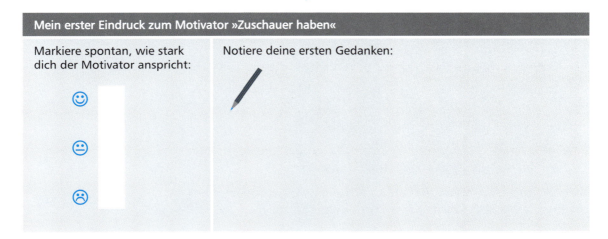

Finde deine Hauptmotivatoren

5. Finde deine Hauptmotivatoren

Nun hast du alle 14 Motivatoren kennengelernt. Jetzt bist du bereit, zur Nominierung deiner eigenen Hauptmotivatoren zu schreiten.

Erster Überblick

Wahrscheinlich hast du bei jedem der 14 Motivatoren Aspekte gefunden, die du auch von dir kennst. Das ist ganz natürlich. Viele Motivatoren spielen in unserem Leben – im Sport und anderen Hobbies, beim Lernen, Arbeiten, beim Erwachsen- und Altwerden, immer wieder eine Rolle. Wir alle haben uns schon mal über ein anerkennendes Lob (Motivator 9) gefreut. Und oft haben wir im Laufe unseres Lebens von Vorbildern (Motivator 13) gelernt, zum Beispiel wenn wir uns als Kinder von unseren Eltern oder anderen Kindern bestimmte Verhaltensweisen abgeschaut haben. Natürlich haben wir auch alle irgendwelche Ideen, Wünsche und Träume für unsere Zukunft (Motivator 12).

Im Folgenden geht es nun darum, die Motivatoren ausfindig zu machen, die für dich besonders große Bedeutung und eine spezielle positive Qualität haben: Diejenigen, die bei dir wie Beschleuniger, Energiebringer wirken und mit denen es dir gelingt, am leichtesten voranzukommen. Denn die brauchst du für deine Lernprojekte. Bei den meisten Menschen, die ich bei ihrer Motivatorensuche begleitet habe, waren es wie gesagt 3 bis 5 Hauptmotivatoren.

Auf der nächsten Seite siehst du noch einmal alle 14 Motivatoren im Überblick. Markiere hier deine Vermutungen: Wie stark sprechen dich die einzelnen Motivatoren an?

Finde deine Hauptmotivatoren

	Wie stark sprechen dich die einzelnen Motivatoren an?		++	+	o	–	– –
1	Aktiv und beschäftigt sein	An Tagen, an denen ich voll beschäftigt bin, ist meine Motivation hoch!	o	o	o	o	o
2	Alleine Verantwortung übernehmen	Wenn es voll und ganz auf mich ankommt, bin ich motiviert!	o	o	o	o	o
3	Auf Erfolge zurückblicken	Aus dem, was ich schon geschafft habe, schöpfe ich Motivation!	o	o	o	o	o
4	Ein angenehmes Umfeld haben	An einem schönen Ort und mit guten Materialien komme ich leichter zum Ziel!	o	o	o	o	o
5	Fortschritte sehen	Sobald ich sehe, dass es vorangeht, bin ich motiviert!	o	o	o	o	o
6	Gemeinsam arbeiten	Wenn wir es gemeinsam anpacken, bin ich motiviert!	o	o	o	o	o
7	Herausforderungen suchen	Wenn es besonders schwierig und herausfordernd wird, dann lege ich so richtig los!	o	o	o	o	o
8	In Wettbewerb treten	Es motiviert mich, besser als andere zu sein und meine bisherigen Leistungen zu übertreffen!	o	o	o	o	o
9	Lob und Anerkennung bekommen	Persönliches Lob und Wertschätzung motivieren mich!	o	o	o	o	o
10	Sich vorbereiten	Wenn ich mich gut vorbereite, steigt meine Motivation!	o	o	o	o	o
11	Überzeugungen leben	Wenn ich einen höheren Sinn in einer Sache sehe, bin ich motiviert!	o	o	o	o	o
12	Visionen und Träume haben	Wenn ich von der Zukunft träume, motiviert mich das!	o	o	o	o	o
13	Vorbilder haben	Wenn ich sehe, wie andere etwas gut hinkriegen, motiviert mich das!	o	o	o	o	o
14	Zuschauer haben	Zuschauer und Zuhörer motivieren mich!	o	o	o	o	o
15			o	o	o	o	o
16			o	o	o	o	o

Diese Übersicht findest du auch unter www.lernmotivatoren.de – für spätere Einschätzungen oder für deine Freunde.

Finde deine Hauptmotivatoren

Erste Auswahl deiner Motivatoren

Schau nun nach den 3, 4 oder 5 Motivatoren, die dich am stärksten ansprechen. Trage sie in die Auswahlkästen ein.

Notiere, wie diese Motivatoren bei dir wirken. Was genau spornt dich an? Was genau brauchst du, um leichter zum Ziel zu kommen?

Mein Favorit 1: ...
Was genau motiviert mich wie?

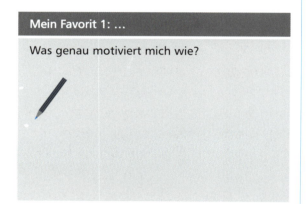

Mein Favorit 2: ...
Was genau motiviert mich wie?

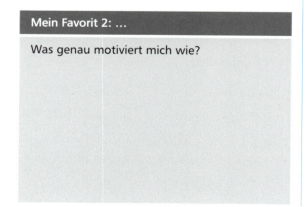

Mein Favorit 3: ...
Was genau motiviert mich wie?

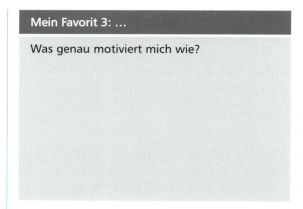

Mein Favorit 4 (optional): ...
Was genau motiviert mich wie?

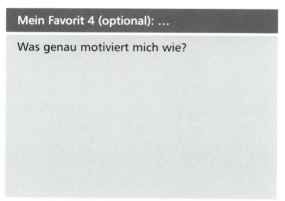

Mein Favorit 5 (optional): ...
Was genau motiviert mich wie?

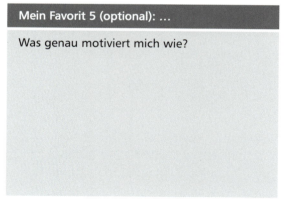

Du findest diesen Bogen für deine Notizen auch unter www.lernmotivatoren.de

| Teil 1: Die 14 Motivatoren |

Was tun mit Wackelkandidaten?

Erste Auswahl deiner Demotivatoren

Schau nun auch, ob es Motivatoren gibt, die bei dir eher eine demotivierende Wirkung hervorrufen.

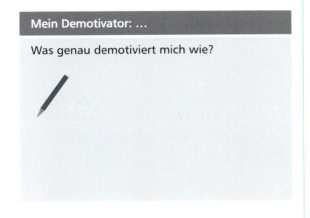

6. Was tun mit Wackelkandidaten?

Bei manchen Motivatoren ist wahrscheinlich sonnenklar: »Das ist mein Hauptmotivator!« Hier geht es dir so wie den Lernenden aus unseren Beispielen, die bei den 14 Motivatorenbeschreibungen mit leuchtenden Augen erzählt haben, wie stark sie ihr eigenes Verhalten jeweils wiedererkannt haben. Vielleicht gibt es für dich aber auch ein paar Wackelkandidaten. Motivatoren, bei denen du es nicht so recht weißt, du unsicher bist. Das ist normal. Wir sind ja keine Schubladenmenschen. Alle Schattierungen sind möglich. Halte die Unsicherheit aus. Die gehört auch dazu. Ich beschreibe im Folgenden 4 Strategien, wie du trotzdem mehr und mehr Klarheit gewinnen kannst:

Strategie 1: Zweiter Blick auf die »Praxistipps«

Schau dir von den Motivatoren, bei denen du dir nicht sicher bist, ob sie zu deinen Hauptmotivatoren zählen, noch einmal die Tipps am Ende der Beschreibungen an. Achte beim Lesen auf deine Gefühle. Spricht es dich an, so vorzugehen? Löst das ein Gefühl von Lust, Freude, Leichtigkeit, Spaß aus? Oder eher nicht?

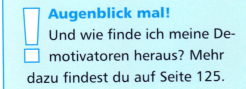

Augenblick mal!
Und wie finde ich meine Demotivatoren heraus? Mehr dazu findest du auf Seite 125.

87

Was tun mit Wackelkandidaten?

Wie wäre es für dich, wenn du bei einem deiner Lernprojekte konkret so vorgehen würdest? Würde dir das helfen? Hast du bereits Erfahrungen mit diesem Vorgehen? Wenn ja, wie war das für dich?

Strategie 2: Wann leuchten deine Augen?

Wenn ich die 14 Motivatoren in den Lernmotivationskursen vorstelle, frage ich nach jedem einzelnen, ob sich jemand in der Gruppe besonders deutlich wiedererkennt. Und wenn dann erzählt wurde, fiel mir mit der Zeit allmählich auf: Sind es die wirklich starken Hauptmotivatoren, von denen die Leute schwärmen, kann man es auch an ihrem Blick, an ihrer Mimik sehen. Du erinnerst dich an Marco, den Azubi und Fortschrittsfan (Motivator 5). Er sagte: »Original so geh ich vor. Ich hab für alles Listen. Schon morgens schreib auf, was ich alles machen will. Dann hake ich ab, streiche durch, zerknülle die Zettel, die ich abgearbeitet habe …« Als er das erzählte, da strahlte er über beide Ohren. Seine Augen leuchteten. Wir konnten das im Kurs alle sehen.

Bei welchen Motivatoren strahlst du? Finde es heraus. Erzähl Freunden, deinen Eltern oder Kommilitonen von diesem Buch. Stell ihnen eine Auswahl von Motivatoren vor, darunter auch deine starken sowie deine Wackelkandidaten. Bitte sie, dich beim Erzählen zu beobachten. Wenn es sensible Beobachter sind, werden sie bei deinen »wahren« Hauptmotivatoren deine leuchtenden Augen erkennen! Und sobald du versuchst, einen »unwahren Hauptmotivator« mit voller Begeisterung vorzustellen, wird dir selbst auffallen, dass du es eher schauspielerst, als dass du von dir selbst berichtest.

Strategie 3: Praxisforschung

Die beste Strategie, deinen Motivatoren ganz genau auf die Schliche zu kommen, bietet dein Alltag selbst. Beobachte dich in den nächsten Tagen und Wochen und halte Ausschau nach Situationen, in denen du sehr motiviert bei der Sache bist. Es ist dabei ganz egal, ob es Situationen aus deinem Lernleben oder einem anderen Bereich sind: Sport, Freizeit, Job oder Zimmeraufräumen. Ganz egal. Wichtig ist, dass du etwas findest, dem du dich mit viel Schwung und Freude widmest. Wenn dir eine solche Situation aufgefallen ist, dann halte kurz inne. Begib dich für ein paar Minuten auf Praxisforschung. Schau dir auf Seite 19 alle Motivatoren an und forsche. Sind da gerade welche an Bord, die in diesem Moment für besonderen Schwung sorgen? Welche sind es?

Was tun mit Wackelkandidaten?

Das kannst du nun noch ein paarmal in weiteren Situationen wiederholen. Du wirst mehr und mehr merken, dass es immer wieder dieselben Motivatoren sind, die dir Energie geben. So findest du deine Motivationshebel mit der Zeit präziser heraus und kannst sie umso gezielter einsetzen, sobald du eine Motivationsspritze brauchst.

Strategie 4: Anwendung

Mehr Wissen und ein gutes Gefühl für deine Motivatoren bekommst du auch gleich, wenn du beginnst, deine Motivatoren gezielt einzusetzen.

In Teil 3 des Buches entwickeln wir gemeinsam, wie du die Motivatoren bei deinen Lernanliegen konkret anwendest. Nebenbei findest du dort praktische Beispiele, bei denen dir gegebenenfalls auffallen wird, ob noch weitere Motivatoren für dich besonders kraftvoll sind. Vorher aber machen wir in Teil 2 einen kleinen Umweg.

> **Augenblick mal!**
> Besteht nicht die Gefahr, es mit den eigenen Hauptmotivatoren zu übertreiben?
>
> Ich erwähnte es schon. Alle Motivatoren sind gleichwertig. Für keine Vorliebe sollte man sich also schämen! Das ist aber oft nicht so leicht, wenn andere Leute ihre fertigen Meinungen über den einen oder anderen Motivator haben. Die Gefahr, dass andere Menschen unsere Lieblingsmotivatoren abschätzig bewerten, kann unter anderem daher rühren, dass wir es gelegentlich übertreiben mit unseren Hauptmotivatoren. So eine Übertreibung kann auch schon mal in den Bereich einer psychischen Störung hineinreichen. Deshalb macht der eine oder andere Mitmensch sich schnell Sorgen, wenn er oder sie eine Übertreibung zu beobachten meint. Das Gebiet des Pathologischen hier umfassend mitzuerörtern, würde jedoch den Rahmen des Buches sprengen. Der Schwerpunkt liegt hier für mich eindeutig darauf, dass die Motivatoren unsere Helfer sind, die uns Freiheit und Leichtigkeit bringen, mit denen wir spielerisch und voll Freude umge-

Augenblick mal!

hen sollten. Solange wir es so empfinden, ist alles in Ordnung.
Eine kleine allgemeine Warnung ist dennoch angebracht: Gerade ein starker Motivator kann auch zu einer heimtückischen Falle werden. Beginnt er nämlich umgekehrt, unser Leben zu bestimmen, dann sollten wir aufmerksam werden. Und uns vielleicht lieber unseren anderen Hauptmotivatoren zuwenden. Wenn wir nicht allein zur Leichtigkeit zurückfinden, sollten wir möglicherweise tatsächlich professionelle Hilfe aufsuchen, um wieder flexibler zu werden, um eine starr gewordene Einseitigkeit aufgeben zu können, die ja nicht nur zu psychischem Leid führen, sondern unter Umständen langfristig auch mit körperlicher Krankheit einhergehen kann. Welche Übertreibungen und welchen potentiellen Spott meine ich nun ganz konkret? Wahrscheinlich hast du beim Lesen der Motivatorenbeschreibungen das eine oder andere Mal automatisch eine typische Übertreibung vor Augen gehabt. Vielleicht hast du dich sogar selbst wiedergefunden und dich an eigene Übertreibungen erinnert. Denn die kommen vor und sind meistens ganz normal.

Fakt ist: Jeder Motivator kann leicht übertrieben werden. Und das mag in Extremsituationen wie vor einer entscheidenden Prüfung oder beim Schreiben einer Abschlussarbeit durchaus mal angemessen sein. Danach wird man ja zum Glück schnell wieder ein normaler Mensch …
Apropos normal: Wie langweilig wäre unsere Welt, wenn wir alle völlig normgerecht und ohne jedes Extrem wären? Es gäbe vermutlich

- keine Stuntmen (Motivator 7)
- kaum Politiker (Motivatoren 1 und 14)
- wenig Spitzensportler (Motivator 8)
- oder nur selten selbstlose Helden des Alltags (Motivator 11) usw.

Jeder der 14 Motivatoren ermöglicht enorme und bewundernswerte Leistungen und eine riesige Vielfalt an Beiträgen zu unserem sozialen Leben, von denen wir alle profitieren. Unter anderem unsere »Einseitigkeiten« sind es, die unseren Charakter mit ausmachen – und also auch unsere besonderen Fähigkeiten.
Starke Übertreibungen jedoch, die langfristig Unfreiheit und größere

Augenblick mal!

Nachteile – auch für das soziale Umfeld – mit sich bringen können, sind beispielsweise:

- Workoholics (Motivator 1) und Überlastete (Motivator 2), die nicht gut delegieren können – beide sind vom Burnout bedroht;
- Messies, (Motivator 3) die keine Dinge aus ihrer Vergangenheit weggeben oder wegwerfen mögen;
- Studenten mit Verschieberitis, die vor lauter Arbeitsplatzverschönerung (Motivator 4) bzw. endloser Vorbereitung (Motivator 10) nicht zum Lernen kommen;
- Süchtige, die sich während des Lernens besonders viel von etwas Gutem gönnen: Kaffee, Knabberzeug, Fernsehen nebenher oder Ähnliches (Motivator 4);
- Menschen, die von nichts anderem zu leben scheinen, als dass sie gelobt werden (Motivator 9) oder im Rampenlicht stehen (Motivator 14);
- Menschen mit »Zettelitis«, die immerzu unter der ewigen Last des Unerledigten ächzen (Motivator 5);
- Fundamentalisten und Missionare, die anderen ihre Ideale aufzwingen (Motivator 11);
- Träumer, bei denen selten etwas Realität wird (Motivator 12).

Übertrieben ist es andererseits aber auch, wenn andere deinen Lieblingsmotivator bespötteln, zum Beispiel weil dieser für sie ausgerechnet ein Demotivator ist: »Du immer mit deinem Stress und deiner Atemlosigkeit, das kann nicht gut sein. Du solltest endlich mal gesunde Pufferzeiten einführen!« Lass dich davon nicht beirren. Deine Antwort (mit Motivator 1 auf Deiner Schulter sitzend): »Nein, genau das – eingeplante Ruhezeiten – würde meine Motivation total abtöten!«

Freu dich also an deinen speziellen Motivatoren, solange sie dir im Alltag die gewünschte Leichtigkeit bescheren. Pass einfach gut auf dich und deine Gesundheit auf – und natürlich auch darauf, dass deine Motivatoren nicht allzu anstrengend für deine Mitmenschen werden …

Teil 2

Das passende Ziel finden

7. Was liegt gerade an?

Teil 2 Das passende Ziel finden

»Aber *wozu* bloß jetzt noch so eine gründliche Vorarbeit?!«

Hier die Antwort: Damit deine Motivatoren für dich überhaupt gut tätig werden können, brauchst du nicht nur *ein Ziel*, sondern *das passende Ziel*. In den folgenden Kapiteln erfährst du, worauf du bei der Formulierung deines Ziels achten solltest und warum das für deine Lernmotivation von entscheidender Bedeutung sein kann. Denn gegen ein falsch formuliertes Ziel kommt der beste Motivator im Ernstfall nicht an.

7. Was liegt gerade an?

Packen wir die Suche nach dem richtigen Ziel ganz praktisch beim Schopf. Überleg mal: Was steht bei dir heute oder in den nächsten Tagen an? Für welche Lernziele könntest du mehr Schwung und Motivation gebrauchen? Schau vielleicht in deinen Kalender. Welche Hausaufgaben, Klausuren, Abgabefristen oder Zwischenschritte liegen vor dir? Nimm dir Zeit und notiere 3, 4 oder 5 Ziele, die du gerne (natürlich hochmotiviert, dafür liest du das Buch ja) erreichen möchtest. Noch eine kleine Bitte: Mach aus deinem Ziel jeweils einen Satz, der mit »Ich« beginnt. Zum Beispiel »Ich will 5 Führerschein-Theoriebögen ausfüllen.«

Wo wir jetzt stehen:

7. Was liegt gerade an?

Deine Zielliste
Ziel 1: Ich …
Ziel 2: Ich …
Ziel 3: Ich …
Ziel 4: Ich …
Ziel 5: Ich …

Prima. Ich mache das jetzt auch mal. Meine Zielliste für die nächste Zeit sieht so aus:

Meine Zielliste
Ziel 1: Ich will ein Buch über Indien lesen.
Ziel 2: Ich will Teil 2 dieses Motivatoren-Buches schreiben.
Ziel 3: Ich will meine Italienischvokabeln weiter lernen.

Auf den ersten Blick sind das schöne Vorhaben, die ich mir da aufgeschrieben habe. Meine Hauptmotivatoren sind leider anderer Meinung. Sie sagen: »Wir helfen dir ja immer gerne. Aber so nicht. Nicht mit diesen Zielen!«

Was wünschen sich die Motivatoren?

Mein erstes Ziel, »Ich will ein Buch über Indien lesen«, ist ihnen viel zu ungenau. Unter anderem fehlt ihnen ein Zeitpunkt, bis zu dem ich das Buch gelesen haben will. Sie fragen außerdem, welches Buch ich eigentlich meine und was »lesen« für mich heißt.

Na prima. Jetzt dachte ich, die Motivatoren wollten mich auf meinem Weg zum Ziel eilfertig unterstützen. Stattdessen granteln sie herum und nehmen mir schon die Lust, bevor ich das Buch über Indien auch nur in die Hand genommen habe.

8. Mr. Druckers Zielformel

8. Mr. Druckers Zielformel

Natürlich gebe ich nicht auf. Hier muss ich für meine Zielfindung – und auch für deine – einen Profi für Ziele ins Spiel bringen. Peter Ferdinand Drucker. Er lebte von 1909 bis 2005 in Österreich und Amerika und war ein sehr bekannter Managementtheoretiker. Er hat sich viel mit der Frage beschäftigt, wie Menschen ihre Ziele gut erreichen können. Für die Erarbeitung und das Formulieren von sinnvollen Zielen erfand er eine sehr nützliche Hilfe, die du auch für deine Lernziele nutzen kannst: Die SMART-Formel. Das englische Wort »smart« kann man mit »schlau, pfiffig, klug« übersetzen. Nicht schlecht also, wenn du solche Lernziele formulierst. Hinter Mr. Druckers SMART stecken aber noch andere Bedeutungen. Jeder Buchstabe steht für einen Anspruch, den Peter Drucker an kraftvolle Ziele hatte. Seine ursprüngliche, englischsprachige Version von 1954 sah so aus:

- **S** specific
- **M** measurable
- **A** attainable
- **R** relevant
- **T** time boarded

Seit 1954 sind etliche Jahre vergangen. Die SMART-Formel wurde in dieser Zeit viel genutzt. In der Praxis sind ganz unterschiedliche Übersetzungen und Versionen entstanden. Für motivierende Lernziele nutze ich gerne die folgende Übersetzung der SMART-Formel:

- **S** spezifisch
- **M** messbar
- **A** attraktiv
- **R** realistisch
- **T** terminiert

Aber wie kannst du die 5 Wörter jetzt für deine eben formulierten Ziele – und deine Lernmotivation – einsetzen? Fangen wir beim S an – mit »spezifisch«.

Wenn du dranbleibst, wirst du mit der Zeit mehr und mehr Übung bekommen. Bis dir die Zielformeln allmählich in Fleisch und Blut übergehen und du ganz automatisch darauf achtest, dass deine Ziele spezifisch, messbar, attraktiv, realistisch und terminiert sind.

8. Mr. Druckers Zielformel

Spezifische Ziele

Was ist damit gemeint? Peter Drucker empfiehlt, dass wir unsere Ziele so konkret wie möglich beschreiben, dass wir so präzise wie möglich benennen, was genau wir erreichen wollen.

Wenn du auf mein erstes Ziel schaust, dann siehst du, dass es leider nicht sehr spezifisch ist.

> Ziel 1: Ich will ein Buch über Indien lesen.

Hier sind noch viele Fragen offen.

- Welches Buch will ich lesen?
- Ist es schon da, oder woher bekomme ich es?
- Wie viele Seiten will ich lesen?
- Was heißt »lesen« dabei eigentlich? Einfach nur fix lesen wie einen Krimi oder die wichtigsten Stichworte herausschreiben? Oder sogar wesentliche Inhalte lernen?

Augenblick mal!
Ist der Aufwand mit den SMARTen Zielen nicht ein bisschen groß?

Ganz ehrlich, am Anfang ist die Sache mit den SMARTen Zielen manchmal recht mühsam. Und es könnte sein, dass du schon die Lust verlierst, wenn du nur an die vielen lästigen Fragen zu deinen Zielen denkst, die gleich kommen werden. »Bei dem Aufwand probier ich's lieber irgendwie ohne perfekte Ziele und komplizierte Motivatoren«, wirst du beim Lesen vielleicht seufzend denken. In vielen Kursen zu den Motivatoren habe ich tatsächlich erlebt, dass die Formulierung der Ziele den Teilnehmenden sehr schwer gefallen ist. Für manche war es frustrierend, weil deutlich wurde, dass ihre Ziele wenig konkret und vor allem sehr unrealistisch waren. Bis alle Teilnehmenden SMARTe Zielsätze gefunden hatten, mussten wir manchmal ganz schön kämpfen.

Wenn wir das aber geschafft hatten, dann »flutschte« es anschließend mit den Motivatoren ganz leicht! Der Aufwand bei der Zielformulierung hat sich also gelohnt. Das gilt übrigens nicht nur für Lernziele: Wer bei jeder Art von Arbeit SMARTe Ziele formulieren kann, ist klar im Vorteil.

| Teil 2: Das passende Ziel finden |

8. Mr. Druckers Zielformel

Nun versuche ich es noch einmal.

Bisheriges Ziel	Spezifisches Ziel
Ich will ein Buch über Indien lesen.	Ich lese das 1. Kapitel des schon besorgten Buches »Indien hat viele Gesichter« und notiere daraus die für mein Referat wichtigsten Gedanken.

Was hat sich verändert? Mein Ziel ist jetzt viel konkreter, spezifischer eben. Es ist klar, welches Buch ich lese, wie viel davon und auch wie und warum ich es lese. Wenn ich auf das neu formulierte Ziel schaue, dann weiß ich, was ich zu tun habe. Außerdem wurde mein Ziel auch kleiner. Denn als ich es so konkret aufgeschrieben habe, da merkte ich: »Mehr als 15 Seiten werde ich so leicht erst mal nicht schaffen. Sonst verlier ich schnell die Lust. Ich fang also klein an.«

Viele unserer Motivationsprobleme sind hausgemacht. Ich beobachte häufig Lernende (auch mich!) dabei, dass sie sich viel zu hohe Ziele setzen. Aber dazu kommen wir gleich noch beim R – wie »realistisch«. Noch sind wir beim S.

Schnapp dir eines deiner Ziele von Seite 95. Übertrage es in die linke Hälfte der Tabelle und spezifiziere es.

Und? Hat sich etwas verändert? Wurde dein Ziel dadurch noch konkreter?

Bisheriges Ziel	Spezifisches Ziel
	Frage dich zum Beispiel: Warum? Welcher? Welche? Welches? Wo? Woher? Wie viel? Wie? Was heißt …? Und wie lautet dein Ziel jetzt? Versuch mal, einen Satz zu formulieren:

| Teil 2: Das passende Ziel finden |

8. Mr. Druckers Zielformel

Dann können wir weitergehen. Für Druckers zweites Zielkriterium springen wir ganz ans Ende des Wortes SMART zum T – wie »terminiert«.

Terminierte Ziele

Ein Ziel ohne einen Zeitpunkt, zu dem wir es erreicht haben wollen, sei kein Ziel, sagt Mr. Drucker. Er hält es für unabdingbar, dass wir für uns selbst einen Termin nennen, an dem wir ins Ziel laufen wollen. Einen Zeitpunkt, zu dem wir die Matheaufgabe gelöst, eine bestimmte Anzahl Vokabeln gelernt oder – wie in meinem Fall – die Textseiten gelesen und exzerpiert haben. Auf mein Ziel hat das folgende Auswirkungen:

Bisheriges Ziel	Spezifisches und terminiertes Ziel
Ich lese das 1. Kapitel des schon besorgten Buches »Indien hat viele Gesichter« und notiere daraus die für mein Referat wichtigsten Gedanken.	Bis Dienstag zur Tagesschau lese ich das erste Kapitel des schon besorgten Buches »Indien hat viele Gesichter« und notiere daraus die für mein Referat wichtigsten Gedanken.

Schau auch du auf dein Ziel und gib ihm einen fixen Endtermin. Wann willst du durch die Ziellinie laufen?

Was hat sich verändert?

Spezifisches Ziel von Seite 98	Spezifisches und terminiertes Ziel
	Frage dich zum Beispiel: Bis wann? Wann beginne ich? Und wie lautet dein Ziel jetzt? Versuch mal, einen Satz zu formulieren:

8. Mr. Druckers Zielformel

Ich merke, dass mein Ziel jetzt fassbarer, realer ist. Ich lese die 15 Indienseiten nicht irgendwann, sondern ich lese sie bis Dienstag Abend, bis zur Tagesschau. Mein Ziel wird verbindlicher, und ich finde, es wird schon ein wenig schwieriger, es nicht zu tun … Und also auch ein wenig leichter, es doch zu tun.

Wenn du möchtest, kannst du außerdem noch einen Anfangspunkt festlegen. Besonders Vorbereitungsfans (Motivator 10) profitieren sehr davon.

Messbare Ziele

Nun ist dein Ziel spezifisch und terminiert. Damit hast du die Voraussetzungen für ein messbares Ziel schon geschaffen. Denn: Du hast konkret beschrieben, was genau zu tun ist, um das Ziel zu erreichen: 15 Seiten Text bis zur Tagesschau am Dienstag lesen, 20 Vokabeln bis heute 22 Uhr lernen, den Absatz über messbare Ziele bis zum Mittagessen schreiben oder 3 Führerschein-Theoriebögen mit weniger als 3 Fehlern pro Bogen beantworten, bis Sonntag spät. Das kannst du am Schluss alles überprüfen und messen. Du kannst stolz feststellen: »Ja, ich habe mein Ziel erreicht, und das auch rechtzeitig!« – Und dich freuen. Und das ist klasse für deine Motivation. Denn jedes Erfolgserlebnis ist eine kleine Motivationsspritze!

Schauen wir zuerst mal auf mein Ziel. Die Frage nach der Messbarkeit lautet nun:

Kann ich genau erkennen oder messen, dass ich mein Ziel erreicht habe? Wenn ja, woran?

Wenn am Dienstag die Tagesschau beginnt (terminiert), habe ich die 15 Seiten gelesen und fürs Referat wichtige Notizen gemacht (spezifiziert). Ich finde, das werde ich gut messen können. Ich gucke auf die Uhr und sehe die Notizen. Mein Ziel ist also messbar.

Spezifisches und terminiertes Ziel	Messbares Ziel: Woran genau messbar?
Bis Dienstag zur Tagesschau lese ich das erste Kapitel des schon besorgten Buches »Indien hat viele Gesichter« und notiere daraus die für mein Referat wichtigsten Gedanken.	Wann? (Datum, Uhrzeit?) Bis zur Tagesschau am Dienstag Was (Ergebnis?) Kapitel 1 gelesen, Notizen fürs Referat gemacht Wie viel (Menge?) ca. 15 Seiten gelesen, max. 2 handschriftliche Seiten Notizen

8. Mr. Druckers Zielformel

Wie ist es bei deinem Ziel? Wirst du erkennen können, dass du dein Ziel erreicht hast? Wenn ja, woran? Schau dir dein Ziel noch einmal an. Möglich, dass auch du bei deiner Spezifizierung oder Terminierung noch ein wenig nacharbeiten musst, damit dein Ziel wirklich gut messbar wird. Wenn du das geschafft hast, kannst du bei »Woran genau messbar?« die anvisierten Ergebnisse leicht eintragen. Wieder einen von Mr. Druckers Buchstaben geschafft!

Spezifisches und terminiertes Ziel	Messbares Ziel: Woran genau messbar?
	Frage dich zum Beispiel: Wann? (Datum, Uhrzeit?) Was (Ergebnis?) Wie viel (Menge?)

Realistische Ziele

Damit die Chancen, dass du deine Ziele motiviert erreichst, noch weiter steigen, bringt Mr. Drucker das R für »realistisch« ins Spiel. Die zugehörige Frage kann manchmal etwas unangenehm werden: »Ist es denn realistisch, dass ich mein gestecktes Ziel auch erreichen werde?«

Wie findest du das nun heraus?

Überleg mal. Wovon hängt ab, ob ein Ziel realistisch ist? Wie sehen deine anderen Vorhaben in der Zeit von heute bis zu deinem Zieltermin aus? Schau vielleicht in deinen Kalender und prüfe, wie viel Zeit du für dein SMARTes Ziel erübrigen kannst. Was steht sonst noch

| Teil 2: Das passende Ziel finden |

8. Mr. Druckers Zielformel

alles an? Wie wach, munter, konzentrationsfähig wirst du sein? Wer oder was könnte dich ablenken, dir beim Spurt zum Ziel dazwischenkommen?

Ein Beispiel: Wenn ich an Weihnachten von Berlin nach Ravensburg zu meinen Eltern fahre, dann packe ich mir regelmäßig einen Berg Fachbücher in den Koffer zwischen die Weihnachtsgeschenke. In der weihnachtlichen Vorfreude glaube ich ernsthaft, auf den langen Zugreisen und an den paar Feiertagen zu Hause wahnsinnig viel Zeit zum Lesen und Lernen zu haben. Das ist Käse. Denn wenn ich nach lauter hektischen Wochen endlich im Zug sitze, dann will ich keine Fachbücher lesen. Dann will ich die Augen schließen, vor mich hin dösen und mich auf Weihnachten freuen. Und auch zu Hause ist wenig unverplante Zeit. Da ist meine Familie, da sind Freunde, die ich lange nicht gesehen habe. Es ist einfach unrealistisch, hier Fachbücher lesen zu wollen. Jahrelang habe ich die schweren Bücher ungelesen hin- und auch wieder zurückgeschleppt. Das R aus der SMART-Formel habe ich missachtet. Mein Vorhaben war einfach nicht realistisch. Und da hilft auch der hilfreichste Motivator nicht!

Heute nehme ich, wenn überhaupt, ein solches Fachbuch zu einer Weihnachtsreise mit. Und mache mir zum Ziel, 1 oder 2 Kapitel zu lesen. Das ist für diese Zeit realistisch – und es gelingt auch!

Um herauszufinden, ob dein Ziel realistisch ist, kannst du also auf die Zeit schauen, die dir zur Verfügung steht, und auf den Umfang der Aufgabe. Wie viel steckt da in der Aufgabe drin? Was alles musst du tun, um dein Ziel zu erreichen? Beim S (»spezifisch«) erwähnte ich schon, dass ich den Eindruck habe, dass wir uns viel zu oft unerreichbare Ziele setzen. Das Problem an großen Zielen: Nach den ersten Anstrengungen merken wir, dass wir das selbst gesteckte Ziel nur schwer oder gar nicht erreichen werden. Und geben häufig frustriert auf.

Der deutsche Schriftsteller und Mathematiker Georg Christoph Lichtenberg hat einmal gesagt:

> Alles
> auf
> einmal
> wollen
> zerstört
> alles
> auf
> einmal.

| Teil 2: Das passende Ziel finden |

8. Mr. Druckers Zielformel

Mit ihm rufe ich dir zu: Mach dir lieber mehrere kleine Ziele mit kleineren Portionen. So werden deine Ziele realistischer, und du ermöglichst dir mehr Erfolgsmomente, in denen du sie erreichst. Und das wiederum sorgt für neue Motivation für die nächste Aufgabe.

Schau dir noch einmal dein Ziel an. Übertrage das inzwischen schon spezifizierte, terminierte und messbare Ziel links in der Tabelle. Den Teilnehmern in meinen Lernmotivationskursen rate ich immer, scharf wie ein Staatsanwalt zu prüfen, ob das Ziel wirklich realistisch ist.

Spezifisches, terminiertes und messbares Ziel	Realistisches Ziel – Wirklich realistisch?
	Frage dich zum Beispiel: Zeitrahmen ausreichend? Unerwartete Störungen? Meine Erfahrungen (mit mir selbst) in ähnlichen Situationen? Unterteilung in kleinere Ziele angenehmer? Ändere gegebenenfalls noch einmal etwas an deinem Ziel, damit es tatsächlich realistisch ist.

5 Attraktive Ziele

Ein Kriterium der SMART-Formel fehlt uns noch: das A in der Wortmitte. Mr. Druckers A stand ursprünglich für »attainable«, also »erreichbar«. Das ist dem R von realistisch sehr ähnlich, deswegen sparen wir uns diese Wiederholung. Mr. Drucker kannte ja auch die 14 Motivatoren noch nicht! Mit ihnen können wir dem A nämlich eine motivierende neue Bedeutung geben: »attraktiv«: anziehend, begehrenswert, verlockend! Um die Anziehungskraft deiner Ziele zu steigern, verwendest du einfach deine persönlichen Hauptmotivatoren. Wie? Das gehen wir gleich in Teil 3 Schritt für Schritt an Beispielen durch. Mit deinen Hauptmotivatoren wird es dir gelingen, deine Aufgabe nicht nur SMART, sondern sogar verlockend zu machen …

| Teil 2: Das passende Ziel finden |

8. Mr. Druckers Zielformel

Augenblick mal!
Warum macht mich das ganze Gerede über das R als Herausforderungsfan so wahninnig?

Höchste Zeit für ein paar Worte an alle Herausforderungsfans! Den Abschnitt zum R der SMART-Formel kann ich natürlich nicht stehen lassen, ohne mich beschwichtigend an die Fans des Motivators »Herausforderungen suchen« zu wenden. Ist da wer, der sich bei Motivator 7 wiedererkannt hat und am besten dann so richtig loslegt, wenn es schwierig und herausfordernd wird?
Falls du dich angesprochen fühlst, vergiss alles, was du eben über realistische Ziele gelesen hast. Womöglich hast du schon beim Lesen über so viel vorsichtiges Abwägen und Prüfen heftig gelitten und mit dem Gedanken gespielt, das Buch an dieser Stelle wegzulegen. Denn für dich werden die Dinge gerade erst dann spannend, wenn sie unmöglich oder schwierig scheinen, wenn es eben eine Spur oder auch ziemlich unrealistisch ist, sie zu erreichen.

So unterschiedlich ist das mit den Motivatoren. Schaff dir also gern die Rahmenbedingungen, die du brauchst, um leicht in Schwung zu kommen. Wenn bei dir waghalsige und unrealistische Ziele ziehen, dann mach das genau so und lass das R aus!

Das gleiche gilt für viele Fans von Motivator 12 »Visionen und Träume haben«. Für sie ist es ja gerade der Traum vom fernen, großen Ziel, der ihnen Kraft gibt. Träumt genüsslich weiter – ohne zu viel lästige »R-Gedanken«!

9. Einen Zielvorrat anlegen

9. Einen Zielvorrat anlegen

Vorher aber bitte ich dich, noch einmal auf Seite 95 zu einem deiner anderen Ziele zu schauen und auch dieses der SMART-Formel zu unterziehen. So, dass du noch ein weiteres SMARTes Ziel bereit hast, mit dem du nachher gleich per Hauptmotivatoren loslegen kannst.

Für dein zweites Ziel:

Spezifisch	Terminiert
Frage dich zum Beispiel: Warum? Welcher? Welche? Welches? Wo? Woher? Wie viel? Wie? Was heißt …?	Frage dich zum Beispiel: Bis wann? Wann beginne ich?
Messbar	**Realistisch**
Frage dich zum Beispiel: Wann? (Datum, Uhrzeit?) Was (Ergebnis?) Wie viel (Menge?)	Frage dich zum Beispiel: Zeitrahmen ausreichend? Unerwartete Störungen? Meine Erfahrungen (mit mir selbst) in ähnlichen Situationen? Unterteilung in kleinere Ziele angenehmer?

Mein SMARTes Ziel in einem Satz:

Für weitere Ziele findest du diesen Bogen unter www.lernmotivatoren.de. Du kannst ihn dir bequem als PDF herunterladen.

Teil 3

Mit deinen Motivatoren leichter zum Ziel kommen

10. Erstes Training: Haralds Fall

Teil 3 Mit deinen Motivatoren leichter zum Ziel kommen

In Teil 1 hast du die 14 Motivatoren kennen gelernt und deine Hauptmotivatoren herausgefiltert. Wie du SMARTe Lernziele formulierst, hast du in Teil 2 erfahren und geübt. Damit hast du deinen individuellen Schlüssel für mehr Lernmotivation schon in der Hand. Er passt auf sehr viele Schlösser, also Situationen im Leben. Aber du musst für jedes Schloss den Dreh ein wenig anders ausführen. Das erfordert Übung – zunehmend weniger – und eine gute Portion Kreativität.

Ein paar Übungsmöglichkeiten bekommst du auf den nächsten Seiten. Probier zuerst, die Aufgaben selbst zu lösen, bevor du umblätterst. Das ist ein gutes Training. Es bereitet dich noch ein letztes Mal intensiv vor für deine ersten Versuche mit den eigenen Anliegen. Los geht's!

10. Erstes Training: Haralds Fall

Wir starten mit meinem Lernziel, das du aus dem vorangegangenen Teil des Buches bereits kennst.

> Bis Dienstag zur Tagesschau lese ich das erste Kapitel des schon besorgten Buches »Indien hat viele Gesichter« und notiere daraus die für mein Referat wichtigsten Gedanken.

Ich muss und will dieses Ziel erreichen. Trotzdem habe ich erst mal keine so richtig große Lust loszulegen. Um das zu

> **! Augenblick mal!**
> ☐ Sind all diese Übungen wirklich nötig?
>
> Noch drei Übungen … Gut möglich, dass dir das allmählich zu lange geht, du ungeduldig mit den Hufen scharrst und endlich loslegen willst. Ich als Vorbereitungsfan (Motivator 10) will natürlich dafür sorgen, dass du optimal präpariert bist für den Ernstfall. So, dass du deine Hauptmotivatoren bei deinen Anliegen leicht nutzen kannst. Aber eines wurde in diesem Buch klar: Was mir wichtig ist, ist längst nicht für alle anderen bedeutend und könnte dir langsam die Lust am Buch verderben. Das soll natürlich nicht passieren. Wenn du jetzt gleich deine eigenen Fälle knacken willst, wenn du Lust auf eine ordentliche Portion Herausforderung hast, dann spring einfach zu Kapitel 13 auf Seite 121.

10. Erstes Training: Haralds Fall

ändern – und das Ziel für mich attraktiver zu machen – kann ich nun meine Hauptmotivatoren einspannen.

Dazu nutze ich ein einfaches Schema. In der Mitte trage ich mein SMARTes Ziel ein, oben meine 3 stärksten Hauptmotivatoren: Bei mir sind das »Motivator 1: Aktiv und beschäftigt sein«, »Motivator 5: Fortschritte sehen« und »Motivator 10: Sich vorbereiten«.

Jetzt kann ich auf mein Ziel schauen und meine Hauptmotivatoren einen nach dem anderen befragen: »Wie sollte ich aus eurer Sicht vorgehen?«, »Wie könnt ihr mich in Schwung bringen?«, »Was ratet ihr mir?«, »Welche motivierenden Details fallen euch ein?« Du kennst alle Motivatoren, so also auch meine 3 Hauptmotivatoren. Überlege: Wie sollte ich die Rahmenbedingungen um meinen Indientext herum gestalten, damit meine Motivatoren gut angesprochen werden und meine Lernlust steigt? Schau bei Bedarf kurz bei den Beschreibungen der 3 Motivatoren rein. Trage dann deine Ideen im Schema ein. Nimm dir ruhig ein wenig Zeit und überlege, bevor du umblätterst.

1: Meine Hauptmotivatoren		
Motivator 10: »Sich vorbereiten«	Motivator 5: »Fortschritte sehen«	Motivator 1: »Aktiv und beschäftigt sein«
2: SMARTes Ziel definieren		
Bis Dienstag zur Tagesschau lese ich das erste Kapitel des schon besorgten Buches »Indien hat viele Gesichter« und notiere daraus die für mein Referat wichtigsten Gedanken.		
3. Motivierende Lernwege finden		

10. Erstes Training: Haralds Fall

> **Augenblick mal!**
> Die Hauptmotivatoren befragen – wie soll denn das gehen?
>
> Wenn ich gar keine Lust habe, mit einer Sache anzufangen oder an etwas dran zu bleiben, wenn es mir gerade ganz schwer fällt, dann befrage ich gerne meine Hauptmotivatoren. Ich frage sie:
> »O.k., ihr Motivatoren, jetzt zeigt mal, was ihr drauf habt. Was würdet ihr mir denn raten? Wie soll ich hier jetzt vorgehen, damit es leichter wird für mich?«
> Trotz vieler Versuche haben die Motivatoren selbst bislang noch nicht geantwortet. Aber fast immer habe ich ihre Antworten in mir. Denn ich (und inzwischen auch du) kenne die Motivatoren ganz gut. So kann ich selbst für mich beantworten, was sie mir in meiner Situation wohl raten würden.
> Angenommen, ich hätte gerade gar keine Lust, diesen »Augenblick mal!-Kasten« zu schreiben. Ich könnte meine Motivatoren schnappen und meinen ersten fragen. »He, Vorbereitungsmotivator, was würdest du mir raten?«
> Was würde er wohl antworten?
> »Ganz klar, Harald, mach erst mal einen Plan, was alles zu tun ist. Leg eine Stichwortliste mit den wichtigsten Schlüsselbegriffen für deinen Text an. Eins nach dem anderen kommst du Schritt für Schritt zum Ziel…«
> Dann könnte ich meinen nächsten Motivator befragen, dann den übernächsten. Ich führe so lange ein Selbstgespräch mit meinen persönlichen Hauptmotivatoren, bis ich Wege gefunden habe, wie es für mich mit dieser Aufgabe leichter wird. Meistens dauert das gar nicht lange und ich weiß, wie ich vorgehen kann.
>
> Zugegeben. Selbstgespräche mit den Motivatoren führen, das klingt ein wenig verrückt. Aber wenn's doch hilft! Andere Leute sprechen mit ihren Blumen, wir ab und an mit unseren Hauptmotivatoren …

10. Erstes Training: Haralds Fall

Und? Auf welche Ideen bist du gekommen?

Wenn dir einer meiner Motivatoren sehr vertraut ist, weil er sogar zu deinen starken Motivatoren zählt, dann wird es dir wahrscheinlich leicht gefallen sein, auf vielfältige Ideen zu kommen. Denn als Fan dieses Motivators bist du hier ja selbst Experte …

Sind dir meine speziellen Motivatoren eher fremd, dann war es wahrscheinlich auch schwieriger, motivierende Ideen zu finden. Denn diese Rahmenbedingungen sind dir nicht so geläufig. Das ist ganz normal.

Hier siehst du eine Auswahl der Ideen für meine Hauptmotivatoren, auf die ich gekommen bin. Schau sie dir mal an.

1: Meine Hauptmotivatoren

Motivator 10: »Sich vorbereiten«	Motivator 5: »Fortschritte sehen«	Motivator 1: »Aktiv und beschäftigt sein«

2: SMARTes Ziel definieren

Bis Dienstag zur Tagesschau lese ich das erste Kapitel des schon besorgten Buches »Indien hat viele Gesichter« und notiere daraus die für mein Referat wichtigsten Gedanken.

3. Motivierende Lernwege finden

Notier alle anstehenden Arbeitsschritte. Mach dir einen Zeit- und Leseplan. Plan Pufferzeiten ein. Bereite deinen Arbeitsplatz vor. Leg dir Stifte und Papier zurecht.	Teile den Text in Portionen ein! Mach eine Liste mit den Arbeitsschritten. Zähle: 10 von 15 Seiten gelesen … Hake ab, was du geschafft hast. Lies mit Textmarker. So siehst du den Fortschritt.	Mach als Erstes die Waschmaschine an. Lies, während sie brummt. Lies in Pausen: Auf der Bahnfahrt, wenn du auf Besuch wartest … immer, wenn zwischendurch eine Lücke entsteht. Sorg an den Lesetagen für Programm, damit du gut in Schwung kommst.

11. Zweites Training: Annas Fall

Nun kommt die spannende Frage: Habe ich jetzt tatsächlich mehr Lust, das Indienkapitel zu lesen?

Schade, dass du mich hier gerade nicht sehen kannst. Du würdest einen grinsenden Harald sehen, der fröhlich lächelnd sagt: »Ja, so könnte es gehen. Ich schau mir erst mal das Kapitel an, sehe, wie viel Text auf diesen Seiten zu verdauen ist. Dann mach ich mir einen Leseplan: 4 Seiten pro Tag. So schaff ich's in 4 Tagen. Wenn ich heute 5 Seiten lese, bin ich dem Plan sogar voraus. Das wäre gut und sehr motivierend für mich! Und wenn dann auch noch nebenbei die Wachmaschine brummt und ich zwischen Einräumen, Ausräumen und Aufhängen einzelne Textpakete lese, dann wird's noch leichter. Hoffentlich ruft noch jemand Nettes kurz mal an! Auf geht's!«

Wie du siehst, hat der motivierte Harald ohne Probleme aus den vielfältigen Ideen zu den 3 Hauptmotivatoren einige Wege ausgewählt, die es nun ganz persönlich für ihn leicht machen, zum Ziel zu gelangen.

So ist es für *mich* am besten. So steigt *meine* Motivation, das Indienkapitel zu lesen. Denn ich habe mit meinem SMARTen Ziel und entsprechend meiner Motivatoren die für mich passenden Wege gefunden.

Jetzt wird noch mal ganz klar: Was uns jeweils motiviert, ist sehr individuell. Wenn du ganz andere Hauptmotivatoren hast, dann werden deine Wege, um beispielsweise dieses Indienkapitel zu erarbeiten, ganz anders aussehen. Vielleicht wirken die Ideen, die du für mich gefunden hast, bei dir sogar demotivierend. Gut möglich, wenn dabei einer deiner Demotivatoren im Spiel ist.

11. Zweites Training: Annas Fall

Deshalb machen wir jetzt ein zweites Training. Wir schauen noch einmal auf dasselbe Ziel mit dem Indienbuch. Jetzt aber stellen wir uns vor, dass nicht ich es lesen will, sondern Anna. Sie hat ganz andere Hauptmotivatoren: »Motivator 4: Ein angenehmes Umfeld haben«, »Motivator 7: Herausforderungen suchen« und »Motivator 14: Zuschauer haben«. Im Schema siehst du wieder das Ziel und darüber die Motivatoren. Überlege dir auch hier motivierende Ideen – dieses Mal für Anna.

| Teil 3: Mit deinen Motivatoren leichter zum Ziel kommen |

11. Zweites Training: Annas Fall

Schau dir die 3 entsprechenden Motivatoren an, und schmöker gegebenenfalls noch einmal in den Beschreibungen von Annas Hauptmotivatoren. Nimm dir wieder Zeit dafür und suche nun entsprechend Annas Hauptmotivatoren Ideen.

Ach ja. Eines noch. Zögere nicht, wenn die Ideen, die dir in den Sinn kommen, ein wenig verrückt oder albern sind. Schreib sie unbedingt trotzdem auf. Die motivierenden Ideen dürfen gerne ein wenig »abwegig« sein. Denk nur daran, wie es eben bei mir war: Während die Waschmaschine läuft, lese ich motivierter! Ein bisschen verrückt – aber wirksam!

1: Meine Hauptmotivatoren

| Motivator 4: »Ein angenehmes Umfeld haben« | Motivator 14: »Zuschauer haben« | Motivator 7: »Herausforderungen suchen« |

2: SMARTes Ziel definieren

Bis Dienstag zur Tagesschau lese ich das erste Kapitel des schon besorgten Buches »Indien hat viele Gesichter« und notiere daraus die für mein Referat wichtigsten Gedanken.

3. Motivierende Lernwege finden

113

| Teil 3: Mit deinen Motivatoren leichter zum Ziel kommenn |

11. Zweites Training: Annas Fall

Hier kommen meine Ideen für Anna. Schau sie dir an, und vergleiche sie mit deinen Vorschlägen. Kann sein, dass wir an der einen oder anderen Stelle ganz unterschiedliche Einfälle hatten.

Das ist o.k. Wichtig ist, dass wir immer das Ziel und den entsprechenden Motivator im Blick behalten.

1: Meine Hauptmotivatoren

| Motivator 4: »Ein angenehmes Umfeld haben« | Motivator 14: »Zuschauer haben« | Motivator 7: »Herausforderungen suchen« |

2: SMARTes Ziel definieren

Bis Dienstag zur Tagesschau lese ich das erste Kapitel des schon besorgten Buches »Indien hat viele Gesichter« und notiere daraus die für mein Referat wichtigsten Gedanken.

3. Motivierende Lernwege finden

Richte dir einen schönen Leseplatz ein. Vielleicht irgendwo in der Sonne …	Erzähl deinem Freund, deinen Mitbewohnern, deinen Eltern, dass du in den nächsten Tagen intensiv lesen musst.	Lies ohne Pause das ganze Buch – auf einmal, in einem Rutsch.
Nimm dir Stifte, Textmarker mit schönen Farben …	Lies an Orten, an denen du dabei gesehen wirst: im Café, in der WG-Küche, neben deinem Freund auf dem Sofa …	Lies zu einer herausfordernden Zeit: nach einem 10 km-Lauf, nachts oder 2 Stunden vor einer anderen wichtigen Klausur.
Schreib die Stichpunkte auf schönes Papier oder in ein schönes Notizbuch.	Stell dir vor, wie du das Referat hältst: Alle folgen gebannt deinen spannenden Ausführungen.	Mach die Notizen auf Englisch, Französisch …
Mach dir einen Lesetee oder Lesecappuccino …		

12. Drittes Training: Pauls Fall

Und? Was fällt dir auf, wenn du auf meine Ideen für Anna schaust. Es sind bei ihren Hauptmotivatoren ganz andere Vorgehensweisen als vorhin bei mir. Zwar haben wir beide haargenau dasselbe Ziel. Die Art und Weise, wie wir dort am leichtesten hinkommen, ist aber ganz unterschiedlich.

Ich wiederhole noch einmal die Grundidee der russischen Sportwissenschaftler:

- Schaff dir genau die Rahmenbedingungen, die du brauchst!
- Schlag die Lernwege ein, die für dich motivierend sind!

Für Anna bedeutet das: Aus der Liste von Ideen zu ihren Hauptmotivatoren kann sie nun auswählen, was ihr besonders gut helfen wird, um leicht zum Ziel zu kommen. Häufig reicht schon eine Sache, beispielsweise an einem passenden Ort zu lesen aus, um für einen Unterschied zu sorgen. Manchmal hilft auch eine Kombination mehrerer Ideen. Schau hier jeweils, was du brauchst, damit es für dich bei deinen konkreten Anliegen leichter wird.

12. Drittes Training: Pauls Fall

Bei Annas und meinem Fall konntest du schon gut Schwung holen für den Einsatz der Motivatoren bei deinen Anliegen. Bevor du dich an dein erstes eigenes Projekt machst, gibt's jetzt noch eine letzte Trainingsaufgabe, bei der du mit allen 14 Motivatoren üben kannst.

Hier kommt dein Trainingsfall:

Paul hat von den Motivatoren gehört und ist neugierig. Er könnte ein wenig Motivationshilfe gut gebrauchen. In einem Abendkurs lernt er – gemeinsam mit seiner Nachbarin Laura – seit einem halben Jahr Spanisch. Immer dienstags von 19.00 bis 20.45 Uhr findet der Volkshochschulkurs mit einer lebhaften Spanierin statt. Zwischen den Terminen sind Hausaufgaben zu machen, Wörter zu lernen und kleine Texte zu schreiben. Leider wissen wir nicht, welche Motivatoren zu Pauls Hauptmotivatoren zählen. Deshalb schauen wir für ihn bei allen 14 Motivatoren, wie Paul vorgehen könnte.

| Teil 3: Mit deinen Motivatoren leichter zum Ziel kommenn |

12. Drittes Training: Pauls Fall

Und nun kommt Pauls SMARTes Ziel:

> Zwischen Mittwoch und Sonntag mache ich die aufgegebenen Hausaufgaben und lerne die jeweils 15 bis 20 neuen Wörter, bis ich nur noch höchstens 2 Fehler mache.

Jetzt bist du gefragt. Was würdest du Paul raten?

Finde zu jedem Motivator 1, 2 oder 3 motivierende Ideen. Das ist eine herausfordernde Aufgabe. Denn du musst dich in alle 14 Motivatoren hineindenken. Aber es lohnt sich. Es ist eine prima Übung für dich, um das Beste aus jedem Motivator herauszuholen. Bei dieser Übung wirst du möglicherweise auch deine Hauptmotivatoren noch genauer entdecken.

Nr.	Motivator	Mögliche Ideen für Paul
1	Aktiv und beschäftigt sein	
2	Alleine Verantwortung übernehmen	
3	Auf Erfolge zurückblicken	
4	Ein angenehmes Umfeld haben	
5	Fortschritte sehen	
6	Gemeinsam arbeiten	

| Teil 3: Mit deinen Motivatoren leichter zum Ziel kommen |

12. Drittes Training: Pauls Fall

Nr.	Motivator	Mögliche Ideen für Paul
7	Herausforderungen suchen	
8	In Wettbewerb treten	
9	Lob und Anerkennung bekommen	
10	Sich vorbereiten	
11	Überzeugungen leben	
12	Visionen und Träume haben	
13	Vorbilder haben	
14	Zuschauer haben	

Und? Viele Ideen gefunden?

Auf den nächsten Seiten kannst du anschauen, worauf meine Kursteilnehmer gekommen sind.

| Teil 3: Mit deinen Motivatoren leichter zum Ziel kommenn |

12. Drittes Training: Pauls Fall

Nr.	Motivator	Mögliche Ideen für Paul
1	Aktiv und beschäftigt sein	- Lern nicht am freien Wochenende, sondern an Tagen, an denen du ohnehin schon viel beschäftigt bist. - Lern immer wieder mal eben zwischendurch Wörter: in der Schlange im Supermarkt, am Wartehäuschen, im Bus … - Pack mehrere Dinge parallel an: abspülen plus Wörter lernen, im Auto die Hörbücher laufen lassen …
2	Alleine Verantwortung übernehmen	- Finde einen Ort, an dem du ganz ungestört dein Spanisch lernen kannst, ganz in deinem Rhythmus. - Mach dir immer wieder klar: Es hängt nur von dir ab, wie gut du vorankommst. - Übernimm im Spanischkurs Aufgaben (Recherchen, Referate …)
3	Auf Erfolge zurückblicken	- Bedenke: Du hast schon Französisch und Englisch gelernt! Da wirst du das mit Spanisch auch schaffen. - Blick zurück: Du bist im letzten halben Jahr weit gekommen mit dem Spanischkurs. - Häng die Teilnahmebestätigung jedes Semesters auf.
4	Ein angenehmes Umfeld haben	- Richte dir einen schönen Platz zum Spanisch lernen ein. - Kauf dir schöne Lernmaterialien: Vokabelkarten, Hefte … - Binde dein Spanischbuch schön ein. So, dass es angenehm in der Hand liegt.
5	Fortschritte sehen	- Zähle, wie viele Seite du lesen, wie viele Übungen du lösen willst. Schau immer mal wieder nach, wo du stehst. - Mach Listen. Hake zufrieden ab. - Fühle die Stapel der gelernten Wörterkarten.
6	Gemeinsam arbeiten	- Finde neben Laura Leute, mit denen du gemeinsam lernen kannst. - Vereinbart Termine, an denen ihr euch zum Lernen trefft. - Sorgt bei euren Lerntreffen für gute Atmosphäre. Nehmt euch auch etwas Zeit für informellen Austausch.
7	Herausforderungen suchen	- Meld dich zu einem Aufenthalt in Spanien an, bei dem du Spanisch sprechen können musst. In 5 Wochen! - Setz dich beim Lernen unter Zeitdruck. Lern 30 Wörter in 15 Minuten. - Mach die Hausaufgaben nachts, frühmorgens oder kurz vor Kursbeginn. Mach es dir spannend!
8	In Wettbewerb treten	- Such dir im Kurs Konkurrenten. Leute, mit denen du dich messen kannst. Dein Ziel: besser sprechen als Laura. - Ruf kleine, spontane Wettbewerbe aus: »Wer als Erstes alle Aufgaben geknackt hat!«, »Wer die meisten richtigen Antworten hat!« - Vergleiche deine Ergebnisse aus verschiedenen Zeiten. Steigere deine bisherigen Resultate!

| Teil 3: Mit deinen Motivatoren leichter zum Ziel kommen |

12. Drittes Training: Pauls Fall

Nr.	Motivator	Mögliche Ideen für Paul
9	Lob und Anerkennung bekommen	- Erzähle anderen, dass du eifrig Spanisch lernst. Sprich ihnen etwas vor. - Nimm Anerkennung und Lob dankend an und genieße es. - Bedanke dich bei deiner Lehrerin für ihre Rückmeldungen. Sag ihr, dass dir das sehr hilft im Lernprozess.
10	Sich vorbereiten	- Fang früh an mit den Hausaufgaben. Am besten gleich am Mittwoch. - Leg alle Materialien, die du brauchst, an einem guten Platz zurecht. So kannst du leicht starten. - Schau dir im Laufe der Woche schon das Kapitel an, das ihr am kommenden Kursabend bearbeiten werdet.
11	Überzeugungen leben	Mach dir immer wieder bewusst, warum es gut für dich ist, Spanisch zu lernen. Schau, welche Werte, welche Überzeugungen du hast. Zum Beispiel: - »Ich bin begeisterter Europäer. Ich finde es wichtig, viele Sprachen zu können.« - »Nebenan wachsen spanische Kleinkinder heran: Das wird wunderbar sein, sich mit ihnen auf Spanisch zu verständigen!« - »Als Reisender ist es mir wichtig, auf die Menschen in anderen Ländern offen zugehen zu können. Dafür lerne ich die Sprache!« Sprich über deine wichtigen Werte und Überzeugungen. Immer wieder. Das gibt dir Kraft.
12	Visionen und Träume haben	- Stell dir immer wieder vor, wie es ist, wenn du am Ziel bist, wenn du fließend Spanisch sprichst. - Erzähl und träum mit anderen Träumern darüber. - Mal deine Idee von der Zukunft aus. Belebe beispielsweise deine Vision als Wahlspanier.
13	Vorbilder haben	- Schau in deinem Umfeld oder im Kurs: Wer fasziniert dich beim Lernen? Wer hat das – oder etwas Ähnliches – schon toll geschafft? - Leg eine Liste deiner Vorbilder bezüglich Sprachen an. - Nimm immer wieder persönlichen Kontakt auf mit deinen Vorbildern. Lass dich von ihnen inspirieren.
14	Zuschauer haben	- Lern dort, wo du gesehen wirst. In der WG-Küche, in der Bibliothek, auf dem Flur der Volkshochschule kurz vor Kursbeginn. - Präsentier deine Ergebnisse im Kurs. - Bestell beim Spanier mit Freunden auf Spanisch. Sie werden beeindruckt sein, wenn die gewünschten Tortillas tatsächlich kommen …

12. Drittes Training: Pauls Fall

Augenblick mal!
Ich habe einfach keine motivierenden Einfälle. Was tun?

Beim Einsatz der Motivatoren sind viele (auch gerne mal verrückte) Ideen und eine Portion Kreativität gefragt. Wenn du auf der Suche nach Inspiration bist, blätter einfach noch einmal bei den Beschreibungen der Motivatoren in Teil 1. Schau dir besonders die Praxistipps und die Beispiele der Lernenden an. Überleg, wie sich diese Anregungen auf deinen Fall übertragen lassen.
Manchmal ist es gar nicht so leicht, ganz alleine Ideen zu spinnen. Erzähl Freunden, deinen Eltern oder Mitschülern von den Motivatoren. Zeig ihnen, wie die Sache funktioniert und bitte sie, für dich mit zu überlegen. Am besten anhand eines ganz konkreten SMARTen Ziels und mit deinen Hauptmotivatoren. Gemeinsam fällt das Spiel mit den Ideen oft leichter.
Apropos gemeinsam: Vielleicht bist du ja gar kein Fan von »Gemeinsam arbeiten«. Du kannst andere Hauptmotivatoren natürlich genauso in Anspruch nehmen, wenn es darum geht »Einfälle zu den Hauptmotivatoren« zu finden. Suche nach Ideen unter Zeitdruck (Motivator 1: »Aktiv und beschäftigt sein«), im stillen Kämmerlein (Motivator 2: »Alleine Verantwortung übernehmen«), erinnere dich an frühere Fantasieanfälle in deinem Leben (Motivator 3: »Auf Erfolge zurückblicken«) bereite dir einen schönen »Einfall-Platz« (Motivator 4: »Ein angenehmes Umfeld haben«) und so weiter und so fort …

13. Jetzt du!

13. Jetzt du!

Nun hast du aber wirklich genügend Übung, um dein erstes Anliegen zu schnappen und konkret zu schauen, wie du die Motivatoren dafür gut einspannen kannst. Nimm eines deiner SMARTen Ziele von Seite 105. Trag es in der folgenden Übersicht ein und notier deine Hauptmotivatoren. Und dann gehst du vor wie bei mir, Anna und Paul. Ich empfehle dir, erst einmal möglichst viele Ideen zu den einzelnen Motivatoren und deinem Anliegen zu notieren. Anschließend kannst du dir deine Sammlung anschauen und auswählen, welche Maßnahmen für dich die besten Wirkungen haben – manchmal ist es sogar nur eine einzige. Oft genügt auch schon eine kleine Veränderung im Sinne eines Hauptmotivators, um neuen Schwung in die Sache zu bringen. Blick dafür auf deine Ideensammlung und markier – vielleicht mit einem Textmarker – die Idee oder die Einfälle, die für dich die meiste Motivation bringen.

Los geht's. Viel Spaß!

Für alle weiteren Fälle findest du diesen Bogen zum Download unter www.lernmotivatoren.de

Teil 4

Was dich noch interessieren könnte

Teil 4: Was dich noch interessieren könnte

Teil 4 Was dich noch interessieren könnte

Du hast nun viel über die 14 Motivatoren gelesen. Und ich hoffe, dich bei den ersten Gehversuchen gut angeleitet zu haben. Viele zwischendurch auftauchende Fragen habe ich in den »Augenblick-mal!-Kästen« sofort beantwortet. Aber es gibt noch ein paar weitere Probleme und Fragen, die in den Lernmotivationskursen immer wieder thematisiert werden. Gut möglich, dass auch du schon auf meine Antworten wartest. Sollten Fragen von dir auch auf den folgenden Seiten unbeantwortet bleiben, dann schreib mir einfach eine Mail an h.gross@orbium.de. Ich freu mich!

14. Was tun, wenn mir mein Hauptmotivator in einem Fall nicht helfen kann?

Grundsätzlich empfehle ich, immer zuerst zu schauen, wie du deine besonders starken Hauptmotivatoren für dein Anliegen nutzen kannst. Mit ihnen fällt es erfahrungsgemäß am leichtesten, in den gewünschten Schwung zu kommen.

Nun kann es aber tatsächlich bestimmte Situationen geben, in denen dir dein stärkster Motivator nicht gut helfen kann. Wenn beispielsweise der Motivator »Lob und Anerkennung bekommen« zu deinen Hauptmotivatoren zählt, du aber von deinem Lehrer genau das einfach nicht bekommst, auch wenn du dich buchstäblich auf den Kopf stellst … In diesem Fall hast du schlichtweg wenig Einfluss auf die Rahmenbedingungen, die du so nötig brauchst. Du hast dennoch mehrere weitere Möglichkeiten: Schau dich innerhalb des Motivators kreativ nach Varianten um: Lob aus anderen Richtungen zum Beispiel. Das schließt auch ein, dass du übst, dich selbst zu loben, um noch unabhängiger zu werden.

Schau dann auf deine nächststarken Motivatoren und prüfe, wie sie hier aushelfen können. Mir ihrer Hilfe findest du sicherlich Wege.

15. Was tun, wenn ich die Lernlust verliere, obwohl ich meine Hauptmotivatoren einsetze?

Ganz klar. Momente der Lustlosigkeit werden auch mit den Motivatoren immer wieder vorkommen. Das ist ganz natürlich. Es wäre ja auch langweilig, wenn wir zu allem immer gleichermaßen motiviert wären.

Teil 4: Was dich noch interessieren könnte

Wenn du also trotz Motivatoreneinsatz merkst: »Puhh, ich hab gar keine Lust mehr, diese restlichen Geographieaufgaben zu lösen!«, dann nimm das erst mal so hin. Gelegentlich tut es auch gut, ein wenig zu jammern beim Leiden. Darin aber musst du nicht ewig verweilen. Wenn es genug ist, kannst du noch einmal auf deine Hauptmotivatoren schauen und sie einen nach dem anderen fragen: »Gibt es denn noch einen Weg zur Erleichterung, an den ich gerade noch nicht gedacht habe?« Überleg, was dir deine starken Motivatoren raten. Was brauchen sie für die Matheaufgabe? Lass dir auch Ungewöhnliches einfallen! Lies dazu eventuell noch mal den »Augenblick mal!-Kasten« auf Seite 110, in dem es um die unkomplizierte »Kommunikation« mit den eigenen Hauptmotivatoren geht.

16. Wie finde ich meine Demotivatoren heraus?

In Kapitel 3 (Von Beschleunigern und Bremsern) hatten wir dieses Thema schon angerissen. Hier wollen wir es ausführlicher besprechen. Unter den Motivatoren bist du nicht nur auf deine Hauptmotivatoren gestoßen. Die Demotivatoren machen es schwer, zum Ziel zu gelangen. Wie findest du nun heraus, welche das bei dir sind?

Du kannst hier ganz ähnlich vorgehen, wie bei der Suche nach deinen Hauptmotivatoren.

- Verlass dich zunächst einmal auf dein Gefühl und auf deine Erfahrungen. Viele Teilnehmende in den Seminaren können spontan eingrenzen, welche der 14 Motivatoren für sie als Demotivatoren in Frage kommen. Sie wissen – aus leidvoller Erfahrung – ganz gut, dass diese bei ihnen eher Unwillen, Unlust und manchmal sogar Lähmung auslösen. Dass ihnen genau das nicht gut tut, sondern es sie bremst.

- Außerdem kannst du – mit dem Wissen um die Kraft der Motivatoren und Demotivatoren – in den nächsten Wochen gezielt beobachten, wie es ist, wenn du unter diesen bestimmten Rahmenbedingungen lernen sollst. Angenommen, du vermutest, dass Motivator 14 »Zuschauer haben« dich demotiviert: Registriere bewusst, wie du auf Beobachter reagierst. Wie ist das für dich? Wie fühlt es sich an, mit Zuschauern zu lernen?
Hemmt es dich?
Ist es dir gleichgültig?
Treibt es dich an?

Teil 4: Was dich noch interessieren könnte

- Stell dir außerdem vor, wie es wäre, ganz oft oder sogar fast immer bei deiner Arbeit von Zuschauern umgeben zu sein. Eingefleischten Fans von »Zuschauer haben« könnte das gefallen. Kandidaten des Demotivators »Zuschauer haben« verschwinden am liebsten um die nächste Ecke …

- Vielleicht ist dir auch die folgende Übersicht eine Hilfe. Hier siehst du Beispiele, wie die 14 Motivatoren als Demotivatoren wirken können. Notiere rechts, an welchen Stellen du dich wiedererkennst und welche Aspekte dir noch zusätzlich einfallen – denn du kennst dich selbst am besten.

Nr.	Demotivator	Wirkung	Dein Kommentar
1	Aktiv und beschäftigt sein	Viele Aufgaben, viele Termine, viel Aktionismus lähmen mich. Wenn ich keine Pausen habe, macht mich das fertig. Dann schaff ich letztlich weniger.	
2	Alleine Verantwortung übernehmen	Ich mag es nicht, ganz alleine dazustehen, ganz alleine für eine Sache verantwortlich zu sein. Da fühl ich mich unsicher und verloren. Meine Leistungsfähigkeit nimmt rapide ab.	
3	Auf Erfolge zurückblicken	Der Blick in die Vergangenheit interessiert mich wenig. Länger darüber zu reden oder zu sinnieren, macht mich z.B. ungeduldig. Viel spannender sind doch die Gegenwart oder die Zukunft. Da werde ich gern aktiv.	
4	Ein angenehmes Umfeld haben	Mir ist es ziemlich egal, womit ich arbeite oder wie mein Lernarbeitsplatz aussieht. Hauptsache, ich kann mich in die Sache selbst vertiefen.	
5	Fortschritte sehen	Kleine Aufgaben reizen mich nicht. Ich mag nicht ständig unterbrechen, um ein Mini-Ergebnis zu bewundern. Ich fühle mich außerdem eingeengt, wenn alle Schritte schon vorgegeben, portioniert sind.	
6	Gemeinsam arbeiten	Ich verliere die Lust, wenn ich mich laufend mit anderen abstimmen und austauschen muss. Mein eigener Rhythmus und meine Kreativität werden dadurch gestört.	

Teil 4: Was dich noch interessieren könnte

Nr.	Demotivator	Wirkung	Dein Kommentar
7	Herausforderungen suchen	Wenn Aufgaben, vor denen ich stehe, zu schwierig aussehen, lähmt mich das. Situationen, in denen ich überfordert bin, mag ich gar nicht.	
8	In Wettbewerb treten	Ich kann Wettbewerbe nicht leiden. Es setzt mich unter unangenehmen Druck und Stress, mich mit anderen messen und vergleichen zu müssen. Dann geht gar nichts mehr.	
9	Lob und Anerkennung bekommen	Lob von anderen macht mich misstrauisch. Ich weiß selbst, ob ich gut war. Wenn ich über den möglichen Hintersinn eines solchen Lobes nachdenken muss, hemmt das meine Leistung nur.	
10	Sich vorbereiten	Frühe Vorbereitung engt mich ein. Sie raubt mir meine Freiheit, meine Spontaneität und damit die Lust an der Sache.	
11	Überzeugungen leben	Es nervt mich, immer wieder über Prinzipien und Werte zu reden. Prinzipien haben mit Verboten zu tun, und schon wird das Leben anstrengend, langweilig und begrenzt; also das Gegenteil von beflügelt und kreativ.	
12	Visionen und Träume haben	Es verunsichert und lähmt mich, wenn Vorhaben zu unrealistisch, zu verträumt im Raum herumstehen. Dann weiß ich nicht, wie ich loslegen soll.	
13	Vorbilder haben	Ich bin schnell gelangweilt, wenn ich anderen zuschauen muss, wie sie etwas erfolgreich machen. Ich will es lieber selbst ausprobieren und meine eigenen Erfahrungen machen. Wie soll ich Freude am Erarbeiten haben, wenn andere das schon demonstrativ besser vor mir geschafft haben?	
14	Zuschauer haben	Ich kann es nicht leiden, beim Lernen oder bei anderen Arbeiten beobachtet zu werden. Zuschauer machen mich nervös.	

Teil 4: Was dich noch interessieren könnte

17. Was mache ich, wenn mich ein Demotivator blockiert?

Die Demotivatoren kannst du dir wie Bremsklötze vorstellen, die erschweren oder sogar verhindern, dass du in Bewegung kommst. Mit Blei an den Füßen kommt man schlecht ins Rollen. Schau in solchen Fällen also zuerst, was genau dich gerade hemmt, was genau für dich als Demotivator fungiert. Denn es muss nicht der komplette Motivator betroffen sein. Oft sind es nur Einzelaspekte. Vielleicht stören dich Zuschauer, die dir über die Schulter schauen – nicht dagegen vorbeilaufende Passanten. Oder umgekehrt.

Hast du die entsprechenden demotivierenden Rahmenbedingungen identifiziert, dann überlege kreativ, wie du sie ausschalten kannst. Hier zwei Beispiele:

- Such dir einen anderen Platz – ohne lästige Zuschauer (Demotivator 14 »Zuschauer haben«).
- Halte Ausschau nach Partnern und Mitstreitern, auch wenn es für eine bestimmte Arbeit nicht so vorgesehen ist (Demotivator 2 »Alleine Arbeiten«)

Und so weiter.

Nicht immer wird es gelingen, dich ganz aus den Fängen deiner Demotivatoren zu befreien. Setze in solchen Fällen deine starken Hauptmotivatoren dagegen. Lass sie richtig wirken. Sie können die herunterziehenden Kräfte der Demotivatoren ganz gut abfedern.

18. Wie bringe ich die 14 Motivatoren ab jetzt konkret in meinen Alltag?

Ganz wichtige Frage. Denn genau darin liegt ja das Ziel dieses Buches: Du sollst hier Motivationshilfen bekommen, die du in deinem Lernalltag auch wirklich nutzbringend anwenden kannst. Der Alltag geht aber sofort weiter, wenn du gleich das Buch zur Seite legst.

Schnapp dir also – wann immer du in Situationen kommst, in denen dir ein Motivationsschub gut tun könnte – deine Hauptmotivatoren und finde heraus, wie sie dich unterstützen können. Du kannst zum einen so vorgehen, wie du es in Teil 3 kennen gelernt hast.

Hier 3 weitere Methoden, wie du die Motivatoren in deinem Alltag einsetzen kannst:

Teil 4: Was dich noch interessieren könnte

Bring deine Motivatoren in dein Blickfeld

Viele Lernende berichten, dass sie sich Bilder oder Notizen ihrer Hauptmotivatoren dort aufhängen oder aufstellen, wo sie immer wieder hinsehen. Am Bildschirm, über dem Schreibtisch, an der Zimmertür. Finde einen Platz, an dem du die Motivatoren gut sehen kannst. Gerade dann, wenn du ihre Inspiration für eine Aufgabe brauchen kannst, wirst du so an deine wichtigen Motivatoren erinnert.

Beobachte dich

Nutze das Wissen, das du im Buch über die Motivatoren gewonnen hast. Beobachte dich in den nächsten Tagen und Wochen beim Lernen. Halte immer wieder inne und überlege: Welche der Motivatoren sind gerade im Spiel? Und wie wirken sich die entsprechenden Rahmenbedingungen auf deine Lernmotivation aus? Weckt das Lust und Energie, oder hindert es dich eher?

Schreib deine »Selbst-Bedienungs-Anleitung«

Je mehr du dich beobachtest, desto mehr Erkenntnisse über deine idealen Motivationsbedingungen wirst du gewinnen. Wenn du sie aufmerksam gesammelt hast, kannst du daraus deine ganz persönliche Selbst-Bedienungs-Anleitung entwickeln. Ihr kannst du immer wieder ganz bequem entnehmen, welche Rahmenbedingung du brauchst, um motiviert lernen und arbeiten zu können. Mit der Zeit wird daraus eine Schatzkiste voller Ideen und Details, auf die du in graueren Zeiten zurückgreifen kannst.

Zum Abschluss findest du 3 Beispiele von solchen Selbst-Bedienungs-Anleitungen. Und dann geht's endlich nur noch um DICH! Viel Spaß und gutes Gelingen!

| Teil 4: Was dich noch interessieren könnte |

Selbst-Bedienungs-Anleitung

19. Deine Selbst-Bedienungs-Anleitung

Nach den zurückliegenden Lesestunden sind dir die Motivatoren jetzt sehr präsent. Ich bin ganz sicher, dass du schon viel über deine starken Hauptmotivatoren herausgefunden hast. Bestimmt könntest du mir ganz locker sagen, welche Rahmenbedingungen du brauchst, damit du mit Leichtigkeit lernen und arbeiten kannst. Deine Selbst-Bedienungs-Anleitung hast du jetzt gerade also gut im Kopf. Nutze diesen Schatz und nimm dir die Zeit, die wichtigsten Kernsätze aufzuschreiben. Mach es, wie die Lernenden auf auf den folgenden Seiten. Schreib zentrale Sätze auf. Notiere, was dir wichtig ist. Wenn du willst, kannst du auch Comics, Zeichnungen oder eine Collage dazu machen. So prägen sich deine wichtigen Schlüsselsätze noch besser ein. Viel Spaß!

| Teil 4: Was dich noch interessieren könnte |

Selbst-Bedienungs-Anleitung

Meine Motivationsbedienungsanleitung

Hab gesunde Abwechslung im Blick!
Motivator 1:
„Aktiv und beschäftigt sein"

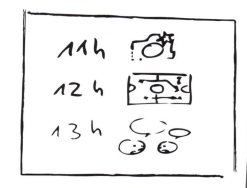

Denk daran, was du bisher gerockt hast und was du als nächstes rocken wirst!

Motivator 3:
„Auf Erfolg zurückblicken"

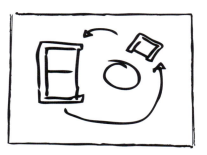

Sei offen für neue Situationen. Auf dich warten neue Impulse.
Motivator 7:
„Herausforderungen suchen"

Bringe Visionen ins Kopfkino!
Visionen und Träume. Erinnere dich an jemanden, der es wirklich drauf hat auf dem jeweiligen Gebiet. Frage dich: Was würde er tun?
Motivator 13: „Vorbilder haben"

Fabian Ruth,
Student an der Uni Tübingen

| Teil 4: Was dich noch interessieren könnte |

Selbst-Bedienungs-Anleitung

Meine Hauptmotivationsquelle

✓ Manchmal habe ich das Gefühl, dass ich am Fuße eines riesigen Aufgaben-Berges stehe, dessen Wege ich nicht sehen kann.

✓ Das macht mich kraftlos und unzufrieden.

✓ Wenn ich in solchen Situationen meine To do's in einer Liste konkret definiere und in überschaubare Etappen einteile, schrumpft der Berg langsam zusammen.

✓ Mein erster Schritt zur Erledigung der Arbeit fällt mir dann leichter, ich werde durch Zwischenerfolge weiter angespornt und auf meiner Aufgabenliste mehren sich die Häkchen.

✓ Oft erreiche ich dann den Gipfel schneller als gedacht.

✓ Motivator 5: „Fortschritte sehen"

Franziska Anna Leers
Studentin an der TU Chemnitz

| Teil 4: Was dich noch interessieren könnte |

Selbst-Bedienungs-Anleitung

Meine Motivations-Fundgrube-Collage

Mein wichtigster Trick

Finde andere Leute, die den Lernstoff auch lernen müssen. Zusammen geht es viel besser. Wenn ich die anderen beim Lernen unterstützen kann, fällt es mir selbst viel leichter, mich mit dem Thema zu beschäftigen.

Gemeinsam arbeiten

Was steckt dahinter???

Wenn ich etwas lernen soll, beschäftige ich mich erst mal mit den "Hintergründen". Wofür ist das gut? Wer hat das auch schon gelernt? Wofür kann ich das nutzen? – Wenn ich etwas finde, das zu meinen Ideen und Überzeugungen passt, kann ich mich darauf konzentrieren und das andere leichter mitlernen ...

Überzeugungen leben

Und was mach ich damit???

Schau, wofür das Gelernte in deiner Zukunft nützlich ist. Für meinen Traumberuf als Arzt zum Beispiel: Wenn ich weiß, dass ich als Arzt später gut Werte berechnen können muss, lern ich viel lieber Mathe ...

Visionen und Träume haben

Julian Guldenberg
Student an der HU Berlin

133

Selbst-Bedienungs-Anleitung

Meine Selbstbedienungsanleitung

Zum Weiterlesen

20. Zum Weiterlesen

Mehr zu den Motivatoren

Seemann, Silke: Umsetzungskompetenz stärken mit der Motivatorenanalyse®. In: KommEnt – Kommunikation und Entwicklung, Fachblatt für Persönlichkeits-, Team- und Organisationsentwicklung, Nr. 9, 11/2003

Bents, Richard; Blank, Reiner: Die MotivatorenAnalyse®. In: Persönlichkeitsmodelle - Die wichtigsten Modelle für Coaches, Trainer und Personalentwickler. Hrsg: Schimmel Schloo, Martina; Seiwert, Lothar J.; Wagner, Hardy. Offenbach: Gabal Verlag, 2002

Weitere Informationen und Ideen rund um die Motivatoren gibt es unter www.lernmotivatoren.de

Mehr Lerntipps

Steiner, Verena: Lernen als Abenteuer – Mit Lust und Neugier zu mehr Wissen. Frankfurt am Main: Eichborn Verlag, 2002

Spitzer, Manfred: Lernen – Gehirnforschung und die Schule des Lebens. Heidelberg und Berlin: Spektrum Akademischer Verlag, 2002

Mehr von Harald Groß

Groß, Harald: Munterbrechungen –22 aktivierende Auflockerungen für Seminare und Sitzungen. Berlin: Schilling Verlag, 2010

Groß, Harald; Boden, Betty; Boden, Nikolaas: Munterrichtsmethoden – 22 aktivierende Lehrmethoden für die Seminarpraxis. Berlin: Schilling Verlag, 2006

Groß, Harald; Boden, Betty; Boden, Nikolaas: Von Kopf bis Fuß auf Lernen eingestellt – ein munteres Lernhandbuch. Berlin: Schilling Verlag, 2004

| Teil 4: Was dich noch interessieren könnte |

Vielen Dank

21. Vielen Dank

An diesem Buch haben viele Menschen mitgewirkt, denen ich herzlich danke.

Ganz besonders danke ich allen Schülern, Studenten und Auszubildenden, die in den vergangenen Jahren an Lernmotivationskursen teilgenommen haben. Durch ihr Interesse, ihre Fragen und ihre Anwendung haben sie die Lernmotivatoren zum Leben erweckt und weiterentwickelt. Viele hilfreiche Tipps zu den Motivatoren stammen aus ihrer Lernpraxis.

Herzlichen Dank an Silke Seemann und Volker Griep von der Leistungslust GbR, bei denen ich die Motivatoren kennen gelernt habe. Danke für die guten Antworten auf meine unzähligen Fragen und die Ermunterung, aus den Motivatoren Hilfen für Lernende zu entwickeln.

Meinen Kolleginnen Betty Boden und Iris Lemke danke ich: Sie haben die Motivatoren gemeinsam mit mir erobert und immer wieder neu überlegt, wie wir sie in verschiedenen Kontexten gut einsetzen können.

Dem Schöpfer von Robbi herzlichen Dank! Mit seinen Bildern hat Michael Hain den Motivatoren ihr Gesicht gegeben.

Auch für dieses Buchprojekt stand Erdmute Otto als Lektorin an meiner Seite. Wie immer war sie die erste kritische und inspirierende Leserin. Nach ihnen kamen – auch schon in guter Tradition – meine Eltern Rita und Siegbert Groß. Vielen Dank für die zahlreichen Korrekturen!

Dem Verleger Gert Schilling danke ich. Er hat mich nicht gedrängt, ließ mich in meinem Tempo arbeiten. Wieder brachte er geduldig Verständnis für meinen Planungsfimmel (Motivator »Sich vorbereiten«) auf. Und regelmäßig versorgte er mich mit Ausdrucken der fertigen Kapitel – das erfreute mein Herz (Motivator »Fortschritte sehen). Oft waren es glänzende Farbausdrucke. So schön sahen sie aus … (Motivator »Ein angenehmes Umfeld haben«). Gert kennt meine Motivatoren ☺ Danke!

| Teil 4: Was dich noch interessieren könnte |

Weiterlernen mit Orbium Seminare Berlin

22. Lust auf mehr?

Bei Orbium-Seminare gibt's nicht nur die Motivatoren. Finde mit uns zum Beispiel deine optimalen Lerntechniken oder entwickle deinen Präsentationsstil.

Viele Infos findest du unter
www.orbium.de

Mehr zu den Motivatoren gibt's außerdem unter **www.lernmotivatoren.de**

Hier findest du Aktuelles rund um die Motivatoren sowie den Motivatoren-Quick-Check. Viel Spaß!

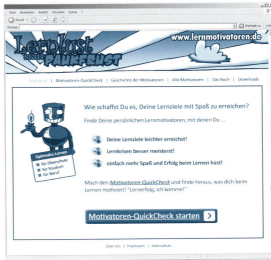

Serie »Praxisleitfaden«

Die Serie »Der Praxisleitfaden« zeichnet sich durch einen lebendigen, beispielhaften und praxisnahen Schreibstil aus. Die Themen sind systematisch und überschaubar gegliedert. Alle Inhalte werden durch zahlreiche Bilder, Grafiken und Illustrationen verdeutlicht. Es macht Spaß zu lesen.

Moderation von Gruppen
Der Praxisleitfaden für die Moderation von Gruppen, die gemeinsam arbeiten, lernen, Ideen sammeln, Lösungen finden und entscheiden wollen

Gert Schilling, ISBN 978-3-930816-59-0

Angewandte Rhetorik und Präsentationstechnik
Der Praxisleitfaden für Vortrag und Präsentation

Gert Schilling, ISBN 978-3-930816-58-3

Verkaufstraining
Der Praxisleitfaden für das beratende Verkaufsgespräch

Gert Schilling, ISBN 978-3-930816-61-3

Zeitmanagement
Der Praxisleitfaden für Ihr persönliches Zeitmanagement

Gert Schilling, ISBN 978-3-930816-62-0

Projektmanagement
Der Praxisleitfaden für die erfolgreiche Durchführung von kleinen und mittleren Projekten

Gert Schilling, ISBN 978-3-930816-60-6

Präsentieren mit Laptop und Beamer
Der Praxisleitfaden für Ihre wirkungsvolle Präsentation mit Laptop, PC und Beamer

Gert Schilling, ISBN 978-3-930816-64-4

Munterrichtsmethoden
22 aktivierende Lehrmethoden für die Seminarpraxis

Harald Groß, Nikolaas Boden und Betty Boden, ISBN 978-3-930816-18-7

Munterbrechungen
22 aktivierende Auflockerungen für Seminare und Sitzungen

Harald Groß, ISBN: 978-3-930816-20-0

Von Kopf bis Fuß auf Lernen eingestellt
Ein munteres Lernhandbuch

Harald Groß, Nikolaas Boden und Betty Boden, ISBN 978-3-930816-17-0

Lernlust statt Paukfrust
Mit deinen Motivatoren leichter lernen in Schule, Studium und Beruf

Harald Groß, ISBN 978-3-930816-25-5

Einfach Coaching
Das Praxisbuch für Führungskräfte, Projektleiter und Personalverantwortliche

Thomas A. Knappe und Jürgen Straßburg, ISBN 978-3-930816-19-4

Die METALOG Methode
Hypnosystemisches Arbeiten mit Interaktionsaufgaben

Tobias Voß, ISBN: 978-3-930816-22-4

VISUALTools
Visualisieren leicht gemacht

Markus Wortmann, ISBN: 978-3-930816-21-7

Seminar Zubehör

Jonglier-Bälle
70 mm Durchmesser, 130 Gramm

Jonglier-Teller
24 cm Durchmesser,

Schaumstoff-Würfel
Würfelfarbe: rot, deutlich ausgestanzte Würfelaugen in gelb, Größe 16 x 16 cm

Massagetiere
Die tierische Entspannung im Seminar.

Overhead-Zeigestab »Hand«
Material: farbiges Plexi, fluoreszierend, durchscheinend, Maße: ca. 17 cm lang, 3 mm dick, Farbe: rot

Seminar-Spiele
Kennenlernspiele, Auflockerungsspiele, Feedbackspiele und Interaktionsspiele

Gert Schilling, ISBN 978-3-930816-63-7

Didaktische Zaubermaterialien
Visualisieren und verankern Sie Ihre Lernziele mit zauberhaften Metaphern.

Zum Beispiel: Satz Zaubermaterial

Ein Satz besteht aus 1x Team-Puzzle (27x13 cm), 1x Ziel-Pfeil klein (ca. 7cm), 1x Multi-Pip klein (8x5,5cm), 1x Quadrat-Rätsel (210x297cm) und 1x Schatten-Spiel (210x297cm) inkl. Erklärung

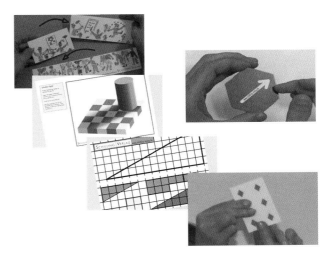

SCHILLING | VERLAG

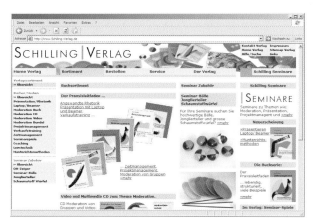

www.schilling-verlag.de

Der Besuch im Internet lohnt sich!
Einblicke in alle Bücher, Bestellmöglichkeit und mehr ...

Kostenlose Downloads
Dateien, Checklisten, Cartoons, Videos und Bilder zum Thema: ✢
Projektmanagement ✢ Verkaufstraining ✢ Moderation ✢ Präsentation ✢
Verkauf ✢ Zeitmanagement ✢ Seminar-Spiele ✢ und mehr...

Viel Spaß beim Stöbern!

Kontaktdaten Verlag / Seminare
✢ Bestellformular: www.schilling-verlag.de
✢ per mail: mail@gert-schilling.de
✢ per Postkarte oder Brief:
Schilling Verlag - Dieffenbachstrasse 27- 10967 Berlin
✢ Fax: +49 (0)30 / 690 418 47
✢ oder Telefon: +49 (0)30 / 690 418 46

Versand: Ab 24,-Euro Bestellwert versandkostenfrei (Deutschland).
Bis 24,-Euro Bestellwert zzgl. 4,50 Euro Versandkosten.

Wir sind ein persönlicher Verlag. Bei Fragen und
Anregungen wenden Sie sich gerne an mich.

Ihr Gert Schilling

Besuchen Sie auch:

TRAINER | KONGRESS | BERLIN
Der Ideenmarkt für ▪ Trainer ▪ Coaches ▪ Weiterbildner

www.trainer-kongress-berlin.de

SPEZIAL | SEMINARE

www.spezial-seminare.de